独裁者《たち》の人を動かす技術

時代を変えた最凶のリーダーシップ

真山知幸

"TECHNIQUES TO MOVE PEOPLE" OF DICTATORS

すばる舎

はじめに

「独裁者」という言葉は、古代ローマの共和政期における公職「独裁官」（dictator）に由来する。

古代ローマでは、平常時は毎年2人の執政官が行政の長を務めたが、外敵の侵入など国家の非常事態においては、ただひとりに、強大な権限が与えられた。

それが「独裁官」である。

あくまでも非常事態における一時的なもので、独裁官の任期は6カ月とされていた。

だが、独裁官をルーツに持つ「独裁者」の場合はというと、その権限の強大さは変わらず、任期は6カ月どころか何十年にも及ぶこともしばしばで、彼らは1日でも長くその座に居座ろうとしているように見える。

それだけではない。彼らは、臣下や民衆を下僕のように扱って好き放題に振る舞い、気に食わない者がいれば切り捨て、なにもかも己の思い通りにしなければ気が済まない者たち――そんな印象を、一般に持たれている。かくいう筆者も同じような思いを抱いていた。

しかし、ひとつ疑問がある。

なぜ、そんな横暴で配慮のない、人を恐怖で支配しようとしていた独裁者たちが、しばしば民衆から熱狂的な支持を集め、世界史を変えてしまうほどの力を持つのか？

一介の画家志望から、「第二次世界大戦」を引き起こすに至ったアドルフ・ヒトラー然り、ロシアを20年近く支配するウラジミール・プーチン然りである。枚挙にいとまがない。

筆者はそういった問題意識から、彼ら独裁者たちの事績を追い、実像を探るうちに、意外な、しかし動かしがたい事実にたどりついた。

それは、「恐怖で人を支配し、無理矢理言うことをきかせていた」イメージの強い彼らが、実にまっとうなリーダーシップを発揮して人を動かし、そしてそのための努力を惜しみなく積んでいたことだった。

よく考えれば、恐ろしい独裁者もまた、ひとりの人間に過ぎない。

権力を掌握していようと、自分の思いどおりに事を運ぶには、人心を掴み、周囲の人間を巧みに操り、自発的に尽くすように仕向ける必要がある。そしてそれは、恐怖心を煽《あお》るだけではなしえないことだ。

そこで本書では、独裁者たちそれぞれの「人を動かす技術」を見ていくことで、なぜ人々は自ら彼らに従うのか、その謎を解きたいと考えている。もちろん、彼らの行った数々の愚行、すなわち、虐殺や暴力支配などを肯定するつもりは毛頭ない。

むしろ、独裁者たちが大きな権力を持つに至った経緯や彼らのテクニックを詳述することで、二度とそうした者たちが出現しないよう、警鐘を鳴らしたいという思いもある。

さて、本書は、全4章で構成されている。

第1章「心をつかむ技術」では、独裁者たちが人心を掌握するために、どのように振る舞ってきたか、具体例を挙げながら、そのメソッドを紹介した。人の希望や生活を踏みにじるために生まれてきたような彼らの、意外な一面が明らかになる。

心をつかんだあとは、臣下がそれぞれ自発的に独裁者たちに尽くすように、仕向けられていた。そのメソッドを集めたのが第2章「奮い立たせる技術」である。

恐怖や懲罰によっても人は動くが、そのやり方では必ず限界が来る。いかに高いモチベーションを保ったまま、組織に尽くさせるか……。独裁者たちの卓越したマネジメント力を感じてもらえることだろう。

第3章「自分を魅せる技術」では、独裁者たちが、周りから「頼れる、強いリーダー」だと感じてもらえるように、どんな努力を積んできたのかを探った。筆者は、人間の魅力は日々の言動の積み重ねだと、まさか独裁者たちから学ばされるとは思わなかった。

そして、最後の第4章「人を操る技術」はそれまで紹介した、比較的まっとうなテクニックとは毛色が違った、ある意味ではイメージ通りと言える、独裁者たちが人の心に入り込んで支配してきたスキルを解説した。本章の最後の項が、彼らが人を意のままに動かし得た解となっていると自負している。

さて、念のために、本書を手にとってくださった読者に一言。

くれぐれも悪用は厳禁である――。

独裁者たちの人を動かす技術　目次

第2章 奮い立たせる技術

第3章　自分を魅せる技術

Dictator's skills

16

若々しさを保つ

実力よりも若々しさ／階段を駆け上ったムッソリーニ
肉体美を強調するプーチン

138

Dictator's skills

17

あえて努力を見せる

挫折や葛藤を自伝で強調したヒトラー
成功した演説にも修正を入れた／リーダーでも下手でいい

145

第4章 人を操る技術

「大衆の多くは無知で愚かである」

アドルフ・ヒトラー

第1章

心をつかむ技術

Dictator's skills

01 弱者の立場に立つ

失業者問題を４年で解決したヒトラー

弱い立場にある者たちを踏みつけ、自分の意のままに動かす――。

独裁者には、そんなイメージがつきまとう。

もちろん、独裁者は、しばしば民衆に無理難題を押し付け、気に食わない人間を失脚させることもある。そうした態度は、彼らが独裁者であるためのテクニックのひとつなのだが、それについては後述するとして、独裁者が常に弱者の敵だったかというと、まったくそんなことはない。

彼らの事績を追うと、独裁者と呼ばれた者たちの多くが、実は〝弱者救済〟のための政策に取り組んでいるのだ。

独裁者の代名詞ともいうべき、ナチス・ドイツのアドルフ・ヒトラーの場合もそうだった。世界を戦禍に巻き込み、ユダヤ人に対し組織的な大量虐殺を行った恐るべき暴君として記憶されているヒトラーだが、意外にも失業者問題に関心が高かった。彼のナチ党が政権を握った当時、ドイツは世界恐慌などの影響で失業率が40％にも達していた。

1933年、ヒトラーは抜本的な失業者対策として「ラインハルト計画」を発表する。

独裁者といえばこの人。「第二次世界大戦」を起こしたアドルフ・ヒトラー

自動車高速道路「アウトバーン」の建設など、半奉仕活動的な雇用によって失業者の数を抑制した。さらに、租税軽減法や自動車税の廃止など、失業者の立場に立った政策を次々に打ち出していく。

「4年以内に、失業を最終的に克服しなければならない」

そう語っていたヒトラーは、なんとその言葉通りに、１９３７年にほぼ完全雇用を達成した。

「第一次世界大戦」に敗北し、ベルサイユ条約で過酷な賠償金を押しつけられて絶望のただ中にいたドイツ国民が、より熱狂的にヒトラーを支持したことは想像に難くない。

とかくヒトラーは政策の残虐性や演説の巧みさ、歪んだ性格などがクローズアップされがちだが、このように国民の気持ちに寄り添う姿勢も併せ持っていたのだ。

もちろん、「ユダヤ人排斥」という悪行もまた、富裕層が多かったユダヤ人へのドイツ国民の嫉妬に〝寄り添って〟なされた側面があることを忘れてはならない。

「乱世の奸雄」の優しい布告

こうした傾向は古今東西の「暴君」と言われた独裁者に見られる。

中国後漢末の武将、曹操《そうそう》の例を見てみよう。

彼は魏《ぎ》王朝の基礎を築き、実質的に中国三国時代に終止符を打った英雄である。一方で、絶対的な権力を使い、自分に逆らう者は容赦なく粛清した。なかでも「徐州大虐殺（後述）」はその名を恐怖の独裁者として歴史に刻むのに十分過ぎるほどの残虐さであった。

そのいっぽう、２０２年には民衆にこんな布告を出している。

「私は義兵を起し、天下のために暴乱を除去したが、故郷の人民はほとんど死滅してしまい、街中を一日歩き回っても顔見知りにすら出会わない、私は蒼然たる思いに胸をしめつけられる。私が義兵をあげて以来、死んで後継ぎのない将校の場合には、その親戚を探し出して後継ぎとせよ。田地を授け、官より耕牛を支給し、教師を置いてその者に教育を与えよ。後継ぎの存在している者のためには廟を立ててやり、その先人を供養せよ」

日本の浮世絵師が描いた「乱世の奸雄」と呼ばれた独裁者・曹操。字（あざな）を孟徳

この時代の戦力は、一部の職業軍人を除けば農民を徴用したものがほとんどであり、曹操のように戦場を駆け回った君主のもとで

は、当然多くの戦死者が出た。

曹操は彼らの家族に思いを馳せ、保護の対象としたのである。穿った見方をすれば、遺族の生活を手厚く保証することで、兵の後顧の憂いを断ち、士気を上げる効果も狙ったのかもしれない。

こうしたスタンスは生涯変わることなく、亡くなる2年前には、こんな命令を下している。

「天は疫病をもたらし、人民は衰弱し、地方で起こった戦争によって、田畑は損害を受けて減少している。私はこれを、はなはだ憂慮している。よって官民男女に布令を下し、七十歳以上で夫も子もない婦人、もしくは十二歳以下で父母兄弟のない子、および目が見えなかったり、手や足が不自由で妻子兄弟や財産のないものに対して、一生涯生活のめんどうをみることとする」

より明確な弱者救済を打ち出している。こちらも深読みすれば、当時の農民はより豊かな土地、戦乱のない国を目指して流民となることも多く、曹操はこのアピールを通じて他国の経済力＝人口を削る狙いもあったのではないかと思われる。

信長のホームレス対策

日本史上で曹操に相当する人物を探すとすれば、戦国時代の織田信長だろう。

室町幕府を滅ぼし、天下統一まであと一歩のところまで迫るなど、すさまじい活躍ぶりだが、反面、比叡山の焼き討ちや、長島一向一揆での火攻めなど、苛烈な宗教弾圧を行ったことでも知られている。

悪名と名声が相半ばする戦国武将・織田信長を描いた錦絵

だが、彼もまた社会的な弱者を救済することに心を砕いている。

『信長公記　巻八』には、こんな逸話が紹介されている。

信長は美濃（現在の岐阜県）と京都を行き来するなかで、国境にある「山中《やまなか》」という場所で、身体に不自由がある者が物乞いをしているのを見た。土地の者に尋ねて、その者の不幸な境遇を知ると、信長は大層不憫に思ったらしく、上洛した折に山中の宿で馬を止めると、町の者たちを集めた。

そして、わざわざ用意した木綿二十反を町の人たちに渡して、こう言った。

「この反物の半分を費用に充てて近くに小屋を作り、餓死しないように情けをかけてやってほしい」

物乞いの世話を土地の住民たちに頼んだのである。信長はさらに続けた。

「近郷の者たちは、麦が収穫できたら麦を一度、秋の収穫後には米を一度、一年に二度ずつ、毎年、負担にならない程度に少しずつこの者に与えてくれれば、信長は嬉しい」

その傍若無人ぶりから「第六天魔王」を自認した信長であったが、その思わぬ優しさに、物乞いはもちろんのこと、住民はみな涙したという。

あらゆる楽器を無料で配った「狂犬」

そんな先人たちのテクニックを、現代の独裁者たちもしっかりと継承している。

ベネズエラ大統領のウゴ・チャベスは、自分がいつまでも再選されるように憲法を改正。政権に批判的なテレビ局の放送免許更新を認めないなど強権をふるった独裁者のお手本のような政治家だった。

徹底した反米路線を貫き欧米諸国から「狂犬」と呼ばれた独裁者ウゴ・チャベス

アメリカのジョージ・W・ブッシュ大統領を悪魔と呼び、「狂犬」と評されたチャベスだが、豊富な石油資源を背景に社会的・経済的弱者を救済する政策を実施している。

なかでもユニークなのが、音楽事業による貧困対策である。

チャベスは、レッスン料も楽器代も無料の

音楽教室を、国内に３００校近く開設した。バイオリンやチェロなどの弦楽器や、トランペット、フルート、オーボエなどの管楽器をすべて無料で使用でき、家で練習することもできたという。約35万人もの子供たちが教室に通い、プロの演奏家も輩出している。

また、中華人民共和国の第６代国家主席を務めた胡錦濤の場合は、農民や都市部の無業層でも加入できる社会保険の制度を整備した。

中国は共産党による一党独裁下にあるため、胡はワシントンポストの「世界最悪の独裁者ランキング」に選出されているが、やはり弱者救済のための政策を行い、求心力を高めていたのである。

そして、リビアで40年以上にわたって独裁政権を築いたカダフィ大佐にいたっては、「砂漠の狂犬」、「アラブの暴れん坊」と呼ばれながら、教育、医療の無料化と、庶民に優しい政策を行っている。

信頼されるリーダーの四要素

弱者に寄り添う姿勢を示すことの効能は、現代のリーダーシップ理論でも言及されている。カリフォルニア大学の経営管理学部教授でリーダーシップについて研究しているウォレン・ベニスは、信頼を生み、維持するリーダーには、次の4つの要素が備わっているとしている。それは、「一貫性」、「言行一致」、「頼りがい」、「誠実さ」である。

ここでは特に、「頼りがい」に注目したい。

これは、リーダーが重要なときにいるべき場所におり、いつでも仲間を助ける準備があることを指す。ここまでに紹介してきた独裁者たちの弱者に寄り添う姿勢は、まさに「頼りがい」を強化し、信頼を生む効果を持つ。

ベニスは「これらの要素を教わることはできない。自ら学んで身につけるほかない」とも語っているが、独裁者と呼ばれる人物たちの怖さは、本能的にこうしたリーダーの役割をわきまえている点だろう。

Dictator's skills

02 口に出しにくいことをいう

「言い過ぎ」くらいが人を動かす

横暴なイメージとは裏腹に、弱者の立場に立って人心をつかんでいた独裁者たち。では、なぜ彼らには強権で人を押さえつける印象ばかりが先行するのだろうか。その一因は彼らの物言いが、あまりに極端で過激だからである。

ユダヤ人を迫害したアドルフ・ヒトラーは、著書『我が闘争』で次のように書いている。

「ユダヤ人の生存闘争の最終目的は、生産的活動を行っている諸民族を奴隷とするところにある。（中略）彼らは典型的な寄生虫であり続ける」

言葉を尽くして、これでもかとユダヤ人を罵っている。もともとユダヤ人に良い感情を抱いていないドイツ国民でも、「さすがにこれは言い過ぎではないか」と思うに違いない。だが、溜飲を下げた人々も一定数はいたはずだ。

相手（ドイツ国民）が求めている言葉を、さらに過剰に仕上げて言い切ってしまう。自分への攻撃を避けるために、配慮をにじませた批判というのは、耳ざわりは良くなっても人の心には残らない。

劇薬のような言葉に乗せてはじめて、人は耳を傾けざるを得なくなるのだ。

ヒトラーはまた、「第一次世界大戦」後にドイツを苦しめたヴェルサイユ条約についても、次のような趣旨の演説を繰り返し行った。

「ドイツがこんな情けない国になって恥ずかしくないのか？　ドイツ民族は本来、世界で一番優秀な民族なのだ。だからこそまわりの国は恐れてドイツを抑圧する。1919年のヴェルサイユ条約がいい例だ。こんな屈辱にいつまで我慢しているのか？　もう一度生まれ変わろう。私についてくれば、そんなドイツが実現するのだ」

自信を失ったドイツ国民に「世界で一番優秀な民族」と呼びかけていることに目がいっ

てしまうが、ここではヴェルサイユ条約の破棄を提案していることに注目したい。実はこれもまた、ユダヤ人への感情と同様に、ドイツ国民が表立っては口に出せず、心の奥底にしまっている願望であった。

この条約はたしかにドイツ国民にとって屈辱的なものだったが、仮にも国際条約である。破棄しようものなら、国際的な孤立は免れない。反発心はあっても、それは口にしにくい。そこにヒトラーは見事につけ込んだのである。

ヴェルサイユ条約が締結された、「第一次世界対戦」の連合国によるパリ講和会議の様子を描いた絵画

一度口に出されると、なんだか現実味を感じるのが人間というもの。当初は条約の破棄に賛同する声は少なかったが、ヒトラーの演説で少しずつ広がりを見せていき、やがては強大な支持を彼に与えることになる。

国連に噛みついた「アラブの狂犬」

国際的に孤立する道をあえて選ぶことで、国内から熱狂的な支持をとりつける――。

ヒトラーと同じことを行ったのが、「リビア革命」を指導したカダフィ大佐だ。

彼は国王イドリース一世を廃して独裁政権を築いてから、じつに41年にわたって最高実力者として権力を握り続けた。医療・教育の無償化などの政策を実施したことは前述のとおりだが、一方で無差別虐殺にも手を染めたことから、「アラブの暴れん坊」として恐れられた。


2009年、カダフィ大佐は国連で次のような演説を行った。

「国連は過去の65の戦争を防がなかった。ある国には拒否権があり、別の国にはない。ある国には永久の席があり、別の国にはない。これが正義であり、民主主義か？」

「永久の席」とは国連安保理での席が保証され、さらに拒否権を持つ常任理事国のこと。

カダフィは予定の時間が過ぎても演説をやめず、自分のことを棚にあげて「非民主的な

国連でその欺瞞を告発する大演説をぶったリビアのカダフィ大佐

構成であり、圧制的な独裁である」とまで言って、先進国に噛みついた。

この演説は、先進国からは冷笑され、国際的な批判を浴びた。

だが、カダフィ大佐の国内での支持はむしろ盤石なものとなった。なにしろ、ほかの小国の代表ではとてもではないが口にできないようなことを、国連の場で堂々と発言したのだ。さぞ頼もしかったことだろう。

そして、こう思うのだ。「これだけのことを言うのならば、このリーダーは、今の閉塞的な状況を大きく変えてくれるのではないか」と。

皆の喉まで出かかっている口にしにくいことを、あえて強い言葉にして打ち出す。こうして独裁者は行動するまでもなく、舌先だけで国民の畏怖を勝ち取るのである。

言い切るリスクのリターン

以前、筆者が執筆業の先輩に「文章を書くうえで大切なことは何か」と尋ねたときのこと。

彼は迷わずこう言った。

「それは、言い切ることじゃないかな。未熟かもしれないし、異論が出るかもしれない。それでも逃げずに言い切る。リスクを背負って発言できる人だけが、生き残ると思う」

読者諸氏は、書籍や新聞・ウェブ上の文章を読んでいて、「結局、何が言いたかったのだろう?」と感じることはないだろうか。

それは読解力の問題ではなく、書き手が、自分の考えを明確に打ち出しておらず、言い切れていないからにほかならない。とくに、議論を呼ぶと、たちまち「炎上」するウェブ上では、どうしてもどっちつかずの結論になりがちだ。

これは文章だけではなく、普段の言動にも当てはまることだろう。

誰にとっても「言い切る」ことは怖い。まして、ほかの人が思っていても口にしないようなことを口にするのは勇気がいる。

だからこそ、言いたいことを代弁してくれる者に、我々は心を奪われがちだ。

リスクと引き換えに得るものが大きいことは、独裁者たちが教えてくれる。

Dictator's skills

03 古い慣習を打ち壊す

破壊衝動の裏にあった意図

ここまで見てきたように、独裁者にはその言動の良し悪しは別にして、変革者・改革者としての顔がある。組織を我が意のままにしたいがために独裁政権を築くのだから、当然といえば当然だろう。

どんな変革を行うか、というところに、独裁者の個性が出るわけだが、共通しているのは「古い慣習を打ち壊した」ということだ。

これまで人々が当たり前に親しんできた習慣や、大切にしてきた伝統をあえて否定する。それどころか、完膚なきまでに破壊してしまう独裁者が少なくない。だが、詳しく見てみると、ただ横暴なだけではなく、その振る舞いには理由があったことがわかる。

魏王朝の礎を築いた曹操が、民衆に寄り添ったお触れを出して、人心をつかんでいたことはすでに書いたが、彼が権力を握るまでにどんな経緯があったのか。

曹操の転機は、184年に巻き起こった空前の農民反乱「黄巾の乱」において、漢王朝から騎都尉《きとい》に任命されたことにある。賊徒討伐での活躍が認められ、青州済南国の相（民政を司る宰相）に昇進を遂げるのだ。

そこで曹操は2つの大きな政策を行っている。

ひとつは、済南国にあった10あまりの県の長吏（県令や県長）の8割を朝廷に奏上したこと。つまり、罷免してしまったのである。

いきなりリストラとは穏やかではないが、歴史書『魏書』によると、改革断行の背景には、長吏と貴族外戚との不適切な関係があった。貴族は役人に賄賂を渡して、戸籍を改ざん。納めるべき税金を減らすという「脱税」を行っていた。その悪習を断ち切るべく、曹操は厳正に取り締まったのだ。

もうひとつの改革が、淫祠邪教の排除だ。

当時、青州には多くの祠が建てられていた。漢王朝の発展に貢献した城陽景王《じょうようけいおう》・劉章《りゅうしょう》のために建てられたもので、済南国は特に多く、600以上の祠があった。

曹操は、なんとそれをすべて破壊してしまい、祭祀ができないようにしてしまったのである。城陽景王・劉章を祀るためのイベントすべてを「淫祠《いんし》」として禁令を出す徹底ぶりだった。これもまた極端な改革だが、やはり理由があった。

その祠の祭祀を名目として、歴代の長吏たちは盛大なお祭りを頻繁に開催しており、その贅沢ぶりから風紀が乱れて、民衆の生活を圧迫するほどだったのだ。

そのため、曹操は祠を破壊し尽くすことで、旧弊へ大胆にメスを入れたのである。漢王朝の権威を恐れ、誰も手が出せなかったものを、あっさりと破壊してしまったのだ。民衆は拍手喝采だったことだろう。

曹操は66歳で亡くなる際に、この一件を意識したと思われる言葉を遺している。

「天下がまだ落ち着いていない今、古いしきたりにのっとった葬儀を行う必要はない。埋葬が終わったら、みなすぐに喪服を脱ぐこと。兵を率いている者は、いずれも持ち場を離れてはならない」

自らの祭祀にも合理性を求めるあたりが、実に曹操らしいと言える。

天魔・信長はなぜ比叡山を焼いたのか？

宗教勢力を目の敵にしていたという点で、曹操と共通していたのが日本の織田信長だが、その規模が桁違いである。信長は１５７１年に敵対していた比叡山に火を放ち、３０００人もの門徒を焼死させている。伝来の秘仏も経巻も宝物もすべて炎の中に消えてしまった。

それだけではない。

信長は、避難した者をひとり残らず捕縛すると、女子どもの境なく、順番に斬っていったのである。その数は１６００人にも及んだ。その残虐性から信長は「信長は天魔の変化」と恐れられた。

一見すると単なる虐殺だが、時代背景を知ると、真の意図が見えてくる。

当時の比叡山を現代の感覚で、ひとつの寺社と捉えるのは間違いであり、彼らはれっきとした武装勢力として信長と敵対する浅井・朝倉連合を支援し、近江（現在の滋賀県）全域を勢力圏としていた。

信長の餌食となった比叡山だが、実は彼らもまた対立していた法華経の寺院21ヶ寺を燃やし、多くの人々を虐殺している。そして、その法華経も、ライバルである本願寺に焼き討ちを行うなど、血を血で洗う抗争が、宗教勢力のなかで行われていたのである。

そんな状況を踏まえると、信長が行ったのは、単純な殺戮行為とは言い切れず、宗教戦争に終止符を打つための一手だったといえるだろう。現に信長は、比叡山が暴力的な原理主義を捨てると、信仰の自由を全面的に認めている。

極端なやり方ではあるが、宗教を隠れ蓑に政治に介入し、勢力を拡大させようとしていた者たちを止めるには、生ぬるいやり方では難しい。

歴史作家の井沢元彦は『英雄の世界史』で、信長の比叡山焼き討ちを絶賛して、次のように書いている。

「こうしてヨーロッパやアメリカでも、いや世界のどこでも完全には実現していない政教分離というものが、世界に先駆けて四百年前に完成したのだ」

旧弊を廃した「トルコの父」

それから300年以上も経った1924年、信長と同じく政教分離を実現させた人物がいた。「トルコの父」とも呼ばれる、ムスタファ・ケマル・アタテュルクである。

「トルコ独立戦争」、「トルコ革命」を経て、自身が共和国の大統領となって一党独裁体制を確立したケマル。建国翌年にやったことが、イスラーム国家の最高指導体制である「カリフ制」の廃止だった。

1000年以上にわたって継承されてきた制度を、いとも簡単に撤廃できたのは、当時のトルコ国民にとってすでにカリフ制が時代錯誤だと思われていたからに他ならない。

先に挙げた「口に出しにくいことを言う」というテクニックとも共通しているが、「自分以外の誰かがやってほしい」とみなが思っていることに着目することが、古い慣習に立ち向かうための条件であることがわかる。

行動こそリーダーシップの要諦

経営実務が専門で、ハーバード・ビジネススクールで教授を務めたロバート・スティーブン・カプランは、「程度の差こそあれ、リーダーシップは結局は行動にかかっています」と語っている。

普通の人々は、ある確信を持っても、いざ行動に移す段になると、とたんにそれに伴うリスクや不安をあげつらいはじめ、実行することはない。ここまで見てきた古い慣習についても、同様である。

しかし、カプランは、リーダーシップとは、「行動する方法を見つけること」と定義している。行動しない理由ではなく、行動する方法を見つける——良きにつけ悪しきにつけ、独裁者たちが行動しない理由を探す側の人間でなかったことは確かだ。

Dictator's skills

04 ワンフレーズを連呼する

言葉の弾丸で民衆を撃ち抜く

いかに果敢な行動や言葉を見せても、それが大衆から支持されなければ、お山の大将で終わってしまう。独裁者たち——特に近代以後の——は、「いかに多くの人々から支持を得るか」に腐心した。

一軒一軒を説得して回るわけにもいかないので、彼らはひとりでも多くの人に届くよう、強い「メッセージ」を発信した。そのために使ったテクニックのひとつが「ワンフレーズをひたすら繰り返す」というものだ。

日本の読者諸氏の記憶に新しいところでは、２００１年の自由民主党総裁選で、小泉純一郎が放った一言ではないだろうか。

「私が自民党をぶっ壊す！」

かつて、このようなフレーズを使った政治家は日本にいなかった。よくよく考えれば、党の総裁になろうという候補者が「党をぶっ壊す」と叫ぶのは、矛盾を感じるが、当時は「小泉旋風」が吹き荒れ、総裁選に続く参議院選挙でも自民党は大勝した。

また、2008年のアメリカ大統領選挙では、黒人初の当選を目指すバラク・オバマが、やはり同じフレーズを繰り返して大衆の支持を得た。

「Yes We Can」

もちろん彼らは独裁者とはいえないが、使っていたテクニックは、ある稀代の独裁者が使っていた手法そのものである。

重点をかなり絞らないと伝わらない

右の2つの例を見ればわかるように、老若男女から支持されるためには、短く、わかりやすいフレーズをひたすら繰り返す必要がある。

そのことをよく知っていたのが、アドルフ・ヒトラーである。

ヒトラーが台頭した背景に、世界大恐慌などによってドイツが破滅的な状況にあったことはすでに書いた。問題はその環境をどう活かすかである。

ヒトラーは日々の生活にも苦しむ国民に対し、こう呼びかけた。

「すべての労働者に職とパンを！」

このワンフレーズは、ナチ党のスローガンとして、選挙で何度も繰り返され、大きな支持を得ることになる。しかし、一歩引いてみると、あまりにも単純すぎる印象を受ける。

もう少し自分の政策を具体的に述べたほうが、支持が集まるのではないか……。

そんなふうに思った読者は、大衆というものを買いかぶり過ぎているかもしれない。

少なくとも、ヒトラーは大衆をまったく信用していなかった。その能力の低さについて、『我が闘争』で次のように書いている。

「大衆の受容能力は非常に限られており、理解力は小さいが、そのかわりに忘却力は大きい。この事実からすべて効果的な宣伝は、重点をうんと制限して、そしてこれをスローガンのように利用し、そのことばによって、目的としたものが最後の一人にまで思いうかべることができるように継続的に行なわれなければならない」

さらには、こうも言っている。

力強い身振り・手振りをまじえて演説に臨むヒトラー。演説の練習も欠かさなかったという

「大衆の鈍重さのために、一つのことについて知識をもとうという気になるまでに、いつも一定の時間を要する」

つまり、理解力に乏しく、忘れっぽいうえに、鈍重な大衆のためには、簡単すぎるくらいのフレーズを、しつこいほど繰り返さなければならなかったのだ。

実は、このように冷酷に私たち大衆を分析していたヒトラーだけではなく、日本人には馴染み深い「500円札の人」も似たような考えを持っていた。言わずとしれた慶應義塾の創立者の福沢諭吉である。

彼は、小説家の尾崎紅葉から「筆一本で生計を立てる」という決意を聞くと、こう尋ねた。

「おミエーさんはだれに読ませるつもりで著述なんかするのかい」

尾崎が「識者に見せるため」と答えると、福沢はいきなり怒鳴りつけた。

「馬鹿ものめ！　猿に見せるつもりで書け。おれなどはいつも猿に見せるつもりで書いているが、世の中はそれでちょうどいいのだ」

この暴論に、尾崎は怒って帰ったというが、事実、そうして福沢が書いた『学問のススメ』は空前絶後のベストセラーとなった。

ヒトラーも「サルに向かって話す」くらいの気持ちで演説に臨んでいたと思えば、できるだけ短いフレーズをしつこいほどの繰り返した理由がよくわかるというものだ。

「決して」と3回繰り返したイギリスの名宰相

演説の名手として知られ、「第二次世界大戦」中にイギリスの首相を務めたウィストン・チャーチルも、本項で取り上げるに値する人物だろう。イギリスでは英雄として知られ、独裁者というより有事の名リーダーという印象が強いが、実は両者は紙一重である。

１９４０年、ヒトラー率いるドイツ軍の進攻によって、フランスは降伏してしまう。

すると、イギリスはフランス海軍の戦力がドイツに渡るのを防ぐために、フランス軍をイギリス軍の指揮下に入れるべきだ、という一方的な通告を行い、それが受け入れられないと、砲火を浴びせて戦争を仕掛けた。

イギリスが戦勝国の地位を得たのはチャーチルの貢献が大きい

「メルセルケビール海戦」と呼ばれるこの戦いは、かつての同盟国との戦闘でもあり、イギリス将校の間では反対する意見が多かった。それを押し切ったのが、他ならぬチャーチルである。歴史家リチャード・ラムはこのときのチャーチルについて「実質的に軍事独裁者だった」と断じている。

さて、そんなチャーチルが繰り返したフレーズとして、よく知られているのが「決して、決して、決して、諦めるな（Never, never, never, never give up.）」というもの。１９４１年、ハロースクールでの卒業生に向けたスピーチでの一節である。

また、その前年、１９４０年6月4日の下院演説でも、「我々は戦う」という短いフレーズを繰り返して、畳みかけていく技法を用いている。

「我々は、最後まで戦い続ける。我々はフランスで戦う。近海と大洋で戦う。自信を増し、力を増して、空で戦う。いかなる代償を払おうとも、我々の島を守る。我々は、海岸で戦う。敵の上陸地点で戦う。野原や市街で戦う。丘陵で戦う。我々は、断じて降伏しない」

それから30年あまりが経った１９７３年、チリで世界史上初の、選挙による社会主義政権が樹立される。サルバドール・アジェンデによって軍事独裁政権が築かれたが、アジェンデもまた１９７３年9月11日、最後のラジオ演説で、同じ言葉で始まる短いセンテンスを繰り返す「アナフォラ（首句反復）」と呼ばれる技法を用いている。

「私はなによりもみなさんに呼びかけたい。わが大地の慎み深い女性たちに」

「私はなによりもみなさんに呼びかけたい。チリの専門職の人たちに」

「私はなによりもみなさんに呼びかけたい。若者たちに」

「私はなによりもみなさんに呼びかけたい。チリの男たちに、労働者たちに、農民たちに」

短いフレーズを繰り返す、そのリズムがまた小気味よい。それもそのはず。たとえばチャーチルは演説の内容よりもリズムを重視していたことをはっきり述べている。

独裁者たちは、演説で重点を絞り、短いフレーズをリズムよく繰り出すことで、民衆の心を言葉の弾丸で撃ち抜いたのである。

ワンフレーズが人間関係も変える

現在、ワンフレーズの力がにわかに注目されているのが、組織運営の現場である。

「ペップトーク」と呼ばれる言葉がけがそれで、もとはアメリカのスポーツ界で生まれたものだ。NFLやNBAの試合前には、しばしば監督などが、当日までに練りに練った短いスピーチを選手たちに披露する。

それによって選手たちの士気が爆発的に上がることが着目され、ビジネスの分野に応用され結果が出ているのだ。

昨今では研究が進み、心理学などのエビデンスに基づいて「部下にやる気が見られないときの言葉がけ」、「年上の部下と接するときの言葉がけ」など、場面ごとに有効なワンフレーズのペップトークが数多く紹介されている。

言われてみれば、確かにクドクドと説教されるより、計算され尽くした一言をかけてもらったほうが、人は心に残る。これもひとつのワンフレーズの使い道だろう。

Dictator's skills

05 リスクを冒す

川を渡ったカエサル

「危険だ、という道は必ず、自分の行きたい道なのだ。ほんとうはそっちに進みたいんだ。危険だから生きる意味があるんだ」

画家の岡本太郎の言葉である。

人間の真理を突いた言葉だが、その「自分の行きたい道」に躊躇なく飛び込んで、人々の耳目を惹きつけることに長けていたのが独裁者たちである。

時代を遡れば、古代ローマの独裁者、ユリウス・カエサル（ジュリアス・シーザー）にその起源を求めることができる。

帝政ローマの礎を築いた遅咲きの英雄、ユリウス・カエサルの銅像

高名な哲学者であるマルクス・トゥッリウス・キケロにも引けをとらない雄弁家だったカエサルは、財務官を経て、前63年には、終身の大神官となり、さらにその翌年には、法務官に就任している。

ローマ公職のキャリアを積みながら、現在のスペイン付近にあたる、ヒスパニア・ウルステリオル属州に総督として赴任。現地の異民族を平定するという功績を残した。こうして多くのローマ市民からの支持を得たカエサルは、クラッスス、ポンペイウスとともに「三頭政治」の一角を占めることになる。

その処世術についても後述するが、急な出世が軋轢をもたらすのは、いつの時代も同じこと。影響力の低下を恐れた旧勢力の元老院は、カエサルの属州総督の地位を剥奪し、ローマに戻るように命じた。

大人しく帰還したならば、失脚することは明らかである。カエサルは軍を率いて、ローマと属州を区分するルビコン川までやってきた。

この川を越えることは、ローマに進軍するということだ。しかし、何もしないまま引き下がるくらいならば、思い切って攻めに転じるべきだろう。

そう考えたカエサルは、有名なこの言葉を叫んだ。

「ここを渡れば人間世界の悲惨、渡らなければわが破滅。進もう、神々の待つところへ！　我々を侮辱した敵の待つところへ！　賽は投げられた」

ローマ進軍に舵を切ったカエサルは元老院に勝利し、見事にイタリアを制圧。終身独裁官として、１４００年以上続くことになる、ローマ帝国の礎を築いた。

カエサルの果敢な行動と決断力が、民衆の心をとらえたことは想像に難くない。思い切ったリスクをとり、成功を治めた権力者は、どうしようもなく魅力的に映るものだ。

橋をわたったナポレオン

カエサルと同じく、軍人から独裁者へと成り上がったのが、フランスのナポレオン・ボナパルトである。やけに「英雄」というイメージが強いものの、やっていることは独裁者そのもの、という点でも両者は共通している。

ナポレオンは、皇帝として絶大な権力を握ると、議会では自分に反対する護民院を弾圧、新聞や出版社などマスコミも規制している。国家警察を編成して、全国民の能力・欠点・資産を公開する計画さえあったとも言われている。ある意味、ヒトラー以上の恐るべき構想を思い描いていたのだ。

そのナポレオンは、コルシカ島生まれの落ちこぼれとして、幼少時代を過ごしている。島の訛りをからかわれて、友達もろくにできなかった。士官学校に進学したが、一際地味な砲兵科に進学。読書三昧の学生時代を送った。

彼がのちにフランスの皇帝に即位するとは、誰も思いもしなかっただろう。

だが、イタリア派遣軍の司令官に抜擢されると、頭角を現すことになる。オーストリアが支配する北イタリアに軍を進めたナポレオンは、いくつかあるルートのなかから、海沿いで岩山の断崖を縫うような、最も険しい道を選択。兵たちにとっては過酷な道のりとなったが、血気盛んな若者たちが多かったため、かえって士気が上がったようだ。

その背景には、ナポレオンの叱咤激励もあった。身にまとうものがボロボロになり、食糧も不足するなか、ナポレオンは兵たちに、こう言ったという。

「おまえたちは裸も同然だ。栄養も不足している。だが、険しいこの岩山で、おまえたちはすばらしい勇気と忍耐力を見せてくれた。そうしたおまえたちを、これから世界一豊かな野に進軍させる。そこでは、栄光と富がお

有名なナポレオンの絵「ベルナール峠からアルプスを越えるボナパルト」

まえたちを待っている」

鼓舞されたナポレオンの兵たちは、補給部隊もつけずに、夜通しの強行軍で進軍。自分たちの倍近い7万もの兵力を持つオーストリア軍に対して奇襲を仕掛けては、次々に打ち破った。

なかでも語り草になっているのが、「ロディ橋の攻防戦」である。

ここを突破すれば敵の退路を断つことができるが、橋を渡る際に、敵の集中砲火を覚悟しなければならない。破竹の勢いだった兵たちも、さすがにひるむなか、ナポレオンは自ら軍旗を握って、橋の上を猛然と駆けた。それを見て、慌てて兵たちも後に続き、犠牲を払いながらも、勝利を手にした。

このとき、その勇敢さからナポレオンには「ちび伍長」というあだ名がつけられた。伍長のような突進ぶりを讃えての愛称である。

もっとも、ロディ橋でのナポレオンの活躍は、誇張ではないのかという指摘もある。

確かに、でき過ぎた話ではあるが、大切なのはリスクを冒したナポレオンの姿が、人々の口から口に語り継がれることだ。

小男が常識を覆すさまを聞いた人々は、「この人にもっと大事なことを任せれば、とてつもないことをやってのけるんじゃないか」という思いを強くするのだ。

数々の「ナポレオン伝説」が誕生した「ロディ橋の攻防戦」を描いた絵画

森を進んだヒトラー

この項の最後にも、やはりアドルフ・ヒトラーに登場してもらう必要があるだろう。彼が冒したリスクの大きさは、並みいる独裁者たちのなかでもダントツといっていいものだからだ。

ヒトラーが、「第一次世界大戦」後のドイツを苦しめたヴェルサイユ条約を猛批判していたことはすでに述べたが、ナチス・ドイツが成立すると有言実行と言うべきか、その軍事条項を次々に破り始める。

再軍備を強行すると、ヴェルサイユ条約によって非武装地帯とされていたラインラントという地域に突入していったのである。

条約を結んだ連合国の中核であるイギリスとフランスが黙っているはずがない、と考えるのが常識である。

だが、ヒトラーはこう言い切った。

「連合国の軍事介入はない。一発の弾丸も放たれず、われわれは成功するだろう」

いったい、この発言の根拠は何だったのだろうか。

何もなかった。ただヒトラー個人の自信に過ぎなかった。

しかし、ヒトラーの言葉は現実のものとなり、ドイツを上回る軍備を持ちながらも、戦争に至る心理的な猶予がなかった連合国からは、非難の声があがるばかりで、武力で阻止されることはなかったのである。

ヒトラーの魔法のような手際に、ドイツ国民が心を奪われたのも無理はない。だが、ヒトラー自身はのちにこう振り返っている。

「ラインラントの進駐後の48時間は、私の生涯で最も神経のくたびれた時間だった。なぜならわれわれの戦力はささやかな抵抗をするだけにも足りなかったからだ」

ヒトラーとて、人間である。実は内心ヒヤヒヤしていたのだ。

しかし、それを微塵も見せないからこそ、支持を集めたのだ。リスクを冒していたとしても、リーダーから自信が感じられなければ、仮にそれが正しいものであったとしても、ついていこうとは思わないだろう。

攻めるばかりがリスクではない

ヒトラーの増長はますますエスカレートし、１９３８年には、制止する軍部を無視してオーストリアを併合、翌年にはチェコスロバキアに侵攻した。

それでも、イギリスも、フランスも動かなかった。

同年のポーランド侵攻に至って、ようやくイギリスとフランスはドイツに宣戦布告したが、時すでに遅し、であった。ヒトラー率いるドイツの勢いは、もはや容易には止められなくなっていた。

1940年には4月にデンマーク、ノルウェー、5月にはオランダとベルギーを次々と陥落させ、ついにはパリに入城してフランスをも降伏させてしまったのである。

フランスに勝利したときも、ヒトラーは大きなリスクを冒している。

戦車部隊が絶対に通過できないと言われていた森林地帯を、あえて突き進むという作戦を採用したのだ。常人には考えつかないような奇襲によって、英仏連合軍はドイツに包囲されてしまった。

ドイツにとってフランスは、「第一次世界大戦」で5年かけても歯が立たなかった宿敵だ。

もはや国内に「偉大なヒトラー」を疑う者は皆無に等しかっただろう。その後、彼はユダヤ人の大量虐殺に手を染めはじめる。結果的にドイツ人のヒトラーへの支持は非人道的行為を後押ししてしまった。ヒトラーは、もはや自分が何をしても逆らうものはいない、と考えていたのではないだろうか。

カエサルはルビコン川を渡り、ナポレオンはロディ橋を駆け抜け、ヒトラーは森を突き進んだ。リスクをあえて冒すことで、独裁者たちは、自らの決断力と行動力を、民衆たちに見せつけたのである。

ただ、「攻め」ではなく、「守り」でリスクを負った独裁者もいる。

ヒトラーの宿敵ともいえるソ連の最高指導者、ヨシフ・スターリンである。

「独ソ不可侵条約」を破って侵攻してきたドイツ軍にバルト地域、ベラルーシ、ウクライナのほぼ全域を蹂躙され、いよいよ首都・モスクワに危険が迫ろうとしていたとき、スターリンはあくまで踏みとどまった。

そのリーダーの姿もあってソ連軍は奮起し、モスクワはついに陥落しなかった。「踏みとどまるリスク」を冒すのもまた、独裁者の資質のひとつといえる。

攻めるにしろ、守るにしろ、独裁者たちは常人では考えられないようなリスクを冒し、その姿を民衆に見せつける。民衆たちは知らず知らずのうちに、自分の願望や欲望を独裁者に仮託し応援してしまうのだ。

現代におけるリスクとは？

いくらリスクを恐れなかったといっても、独裁者たちの所業を考えれば、彼らは褒められるべき存在ではないが、ひるがえって現代の私たちの周りに、彼らほどリスクを恐れずに行動・決断するリーダーがいるだろうか？

すぐに自分の勤務先の経営者や上司が思い浮かんだとしたら、きっとその職場は活気にあふれていることだろう。目上の人間がリスクを恐れずに挑戦していれば、自ずと組織全体が「失敗を恐れない雰囲気」に包まれていくからだ。

といっても、多くの組織はむしろ対局にあって、失敗をマイナスととらえ、リーダーもまた、リスクを取った行動ができていないのではないかと思う。

しかし、本項でとりあげた人物たちが背負っていたリスクの大きさを考えれば、仕事において思い切った一手を打つのは、そう高いハードルではないと考える。

元大阪府知事、元大阪市長の橋本徹は、彼が提唱してきた「大阪府都構想」が住民投票によって否決されると、すぐに大阪市長を辞職したが、その会見でこんなことを言った。

「まあこれだけのたいそうなケンカを仕掛けてですね、負けたのに命取られないっていう、本当に日本はすばらしい政治体制だなって思いますね。僕はまたこのまま生きて、別の人生を歩めるわけですから、この民主主義っていうルールは是が非でも守らないといけないですね」

橋下もその傲慢ぶり、独断ぶりから「独裁者」と評されることがあり、その言動には、賛否両論あるが、「たいそうなケンカに負けても命をとられず、また別の人生を歩める」という言葉は、あらゆるリスクに直面している読者諸氏に覚えておいてほしいコメントである。

Dictator's skills

06 ビジョンを掲げる

「大ドイツを蘇らせよう」

ここまでアドルフ・ヒトラーの独裁者としての資質をいくつも紹介した。

彼が大衆の心をつかんだのは、弱者の立場に立ってみせ、ワンフレーズで大衆をひきつけ、誰もが口にするのをためらうことをあえて叫び、リスクを冒して行動したからだが、ひとつ重要なスキルが抜け落ちている。

それは、ドイツ国民とともに、何を目指したいのか、そのビジョンを明確に語る能力である。

「もう一度、あの大ドイツを蘇らせよう。本来我々のものであったのに取られてしまった領土を取り返そう。制限された軍隊を復活させ、ヨーロッパに新秩序をうちたてよう。そうすれば、失業者はなくなるし、賃金はあがり生活はよくなる。農民の土地は広がる」

ヒトラーはそんな趣旨の演説を行って、国民を鼓舞した。

「大ドイツ主義」というビジョンを掲げながら、前述した「ドイツが他国から抑圧されるのは、世界で一番優秀な民族だから」という理屈で、ドイツ国民の自尊心をくすぐったのだ。

熱狂的にヒトラーを迎える大衆。ドイツ人はヒトラーの「大ドイツ」というビジョンに魅せられた

そして、「大ドイツ主義」と並んでヒトラーがビジョンとして掲げたのが、「反ユダヤ主義」である。こんな演説にもそれは現れている。

「ドイツ人労働者がユダヤ人に指図を受けるのは恥ずかしいことである。ユダヤ人がカネづるを握って労働者を搾取する裏で、可哀そうなドイツ民族はそれに堪えなければならない。すべてのドイツ民族は一つになってユダヤ人に抵抗しなければならない。我々は最後のユダヤ人がこの地を去るまで闘いを続けなければならない」

正当性については論外だとしても、聞き手の溜飲を下げながら、それを歪ながらもビジョンに落とし込んでいる。ただ痛快なだけではなく、「向かうべき方向」を指し示してくれる指導者に、大衆はついていく傾向にある。

当時のドイツ国民のように、現状への絶望が深い場合はなおさらである。

「天下布武」

日本の織田信長もまた、明確なビジョンを家中に示して求心力を高めている。

まだ地方のいち勢力に過ぎなかった時代の1567年、美濃の稲葉山城を落として、城下を正式に「岐阜」と命名すると、信長は「天下布武」の印を使用し始めた。

「天下布武」とは、「武力をもって天下を平定する」という意味だとされる。「武」は武力ではなく、中国の歴史書『春秋左氏伝《しゅんじゅうさしでん》』の「七徳の武」とする解釈もあるが、いずれにしても、信長が「天下統一」をビジョンに掲げ、その文字を印に刻み、さまざまな書状に用いたことは確かだ。

「戦国武将のビジョンは天下統一に決まっているのでは？」と思った読者も多いことだろうが、実は明確に日本（京都周辺ではなく全土）の統一を目指したのは信長が初めてであった。その理念を会社の代表者印のように文書に押していくことによって、織田家が「向かうべき方向」を内外に示していったのである。

やる気が起きるビジョンとは

むろん、ビジョンは掲げれば良いというものではない。

第一に、聞くものがワクワクするものでなければならない。

「もう一度、強いドイツに戻ろう」、「あまねく天下を治めよう」というビジョンは、いずれも、聞く者の心を沸き立たせるロマンがある。

現代の会社組織でいうと、「売り上げ目標は○億円！」では、心をつかむことはできない。売り上げを伸ばしてどうするのか。そこに会社やチームが進むべき方向性がなければならない。納得できる「向かうべき方向」がなければ、絵に描いた餅である。

あとは、努力すればそれが実現できる、と思わせられるかも重要になる。

ヒトラーと同様に、国家の発展を高らかに謳って、国民を鼓舞しようとしたのが、ひと世代後の独裁者、中華人民共和国の毛沢東である。

「イギリスを15年以内に追い越す」

1958年、毛沢東はそうぶちあげると、鉄こそが産業発展の基盤となると考えて、中国全土に製鉄所を建設。鉄鋼の大増産を目指した。

だが、十分な原材料も確保できず、押し付けられたノルマによって農村は壊滅状態となった。これが「大躍進政策」と呼ばれるもので、数年で2000万人から5000万人の餓死者を出したとされる。

この場合は、ビジョンを掲げたものの、その水準が途方もなさ過ぎたのが問題だった。

シェル石油、日本コカ・コーラ、ジョンソン・エンド・ジョンソンなどで社長職に就き

「経営のプロフェッショナル」として知られる新将命は、ビジョンには次の4種類があると語っている。

①あきらめ目標：「やれるはずがない」
②願望目標：「できればやりたい」
③強制目標：「やらねばならぬ」
④納得・コミットメント目標：「やれる！」「やるぞ！」

当然、目指すは④ということになる。人をワクワクさせるような夢を語りながらも、それが努力しだいで実現できると思わせる――そんなビジョンを掲げることができれば、組織の強力なエンジンとなるのだ。

「野心は人間の主たる原動力である」

ナポレオン・ボナパルト

第2章

奮い立たせる技術

Dictator's skills

07 広く人材を求める

日本初の黒人武士

前章では、独裁者と呼ばれた者たちが、いかに人の心をつかんだかを見てきた。独裁者たちには、善悪は別にして彼らなりの大いなる野望があったが、それを遂行するためには、人の心をつかむだけでは不十分であった。

自分に心服した者たち、とりわけ配下が、野望の実現のためにバリバリ立ち働くよう、奮い立たせなければならない。そして、それができたからこそ、独裁者たちは歴史に名を残しているのだ。

たとえば、織田信長は強権的な政治を行う一方で、人材育成においては実に細やかな配慮をしていた。

最大の成功例が、豊臣秀吉だろう。農民の出身ながら、信長に登用されるとめきめきと頭角を現し、主君亡き後は、その夢を継いで天下人になってしまった。信長は早い段階から、この小男に調略（政治工作）の才能があることを見抜いていた。秀吉もその期待に応え、数々の重要な局面で寝返り工作を成功させている。

また、驚くべきことに、信長は人材の出自どころか、人種すら気にせずに採用していた。

１５８１年3月27日、「弥助」なる人物が信長の家臣になっているのだが、彼はアフリカのモザンビーク出身の黒人である。

弥助はイエズス会の宣教師ヴァリニャーノに連れられてインドから来日。主人が信長に謁見した際に、見世物として弥助を紹介すると、信長は大いに驚き

『南蛮屏風』に描かれた当時の黒人奴隷。西洋人に使役されていたことがよくわかる

「墨を塗ってるんじゃないだろうか」と肌を洗い流して確かめたというエピソードが残っている。

信長側近の著作である『信長公記』には「切支丹《きりしたん》国より、黒坊主参り候」と記述されており、年齢は26歳～27歳ほどで、「十人力の剛力」、「牛のように黒き身体」とも記されている。もの珍しさもさることながら、その怪力が印象深かったことがわかる。

信長は弥助のことを大変気に入り、宣教師と交渉して自分の臣下とした。もちろん日本史上初の「黒人武士」である。ちなみに「弥助」という名前は信長の命名だ。

織田家における弥助の身分には諸説あり、下人としての採用だったともいうが、これまで奴隷として扱われていたことを考えれば、弥助にとって、信長が大恩人であることに変わりはない。

秀吉の例もそうだが、信長は出自などよりも、能力によって広く人材を登用していたことがよくわかる。家臣たちからしてみれば、「自分にもチャンスがある」と奮起せざるを得ない環境だったのだ。

「串刺し公」の意外な気遣い

独善的なイメージとは裏腹に、広く人材を求めていた独裁者は信長だけではない。

他国に目を向ければ、すでに何度か登場している魏王・曹操もそうだった。

196年、中国では戦乱が続き、多くの土地が荒れ果てていた。戦によって家や土地を失った流民たちが大量に発生してしまったのだが、この様子を見て、曹操配下の韓浩《かんこう》は一計を案じた。

それは、荒れ果てた土地を公営のものとして管理して流民たちに貸し与え、耕作をさせるというものだった。

「屯田制」と言われるこの制度を、曹操は採用。家も土地もなくした流民たちが、喜んで耕作にあたったことは想像に難くない。この妙案によって領内は潤い、曹操は兵糧の心配をすることなく戦ができるようになった。

他に、信長や曹操に比べると、それほど知られないが「串刺し公」と呼ばれたルーマニ

ヴラドは小説『ドラキュラ』のモデルとなったことでも有名である

アの暴君、ワラキア公ヴラド三世も、人員配置の妙で広く人材を求めている。権力を乱用する貴族たちを中心に、２０００人あまりを処刑し、そのほとんどが串刺しにされて殺されたことから、この不名誉な異名がついた。

ヴラドは、これまで地方貴族とその家臣によって構成されていた軍隊の編成を大きく変えることを決意する。農民や自国民から兵を募って、君主直属の軍隊となるように、軍事組織を改編したのである。

さらに、領内だけではなく、領外からの傭兵も積極的に兵士に採用。しかも、領内の兵と差別のない待遇を保障したという。

「串刺し公」と恐れられた暴君のイメージからはかけ離れた心遣いだが、ヴラドも人は恐怖だけでは支配できないことをよく理解していたのだろう。

広く人材を求めるということは、誰にでもチャンスがあると組織内外に示すことである。現代でこそ組織の門戸を開き、人材を一般から募集するというのは当たり前のプロセスだが、中世、もっと古くは古代からこの手法を使っていた彼らの先見性は特筆に値する。結果として、それこそが自分の野望を実現するための手駒を増やす近道であると、独裁者たちは知っていたのである。

Dictator's skills

08 ポジションを与える

「抜擢」という名の支配

広く人材を求めて優秀な配下を持ったとしても、彼らに長く懸命に働いてもらわなければ独裁者たちの野望は達成できない。独裁者たちはどうやって配下のモチベーションを高く保っていたのだろうか。

プロレタリア文学の代表作とされる、小林多喜二の『蟹工船』に、筆者が好きなシーンがある。

洋上でカニ漁と缶詰加工をおこなう蟹工船に乗せられた労働者たちは、まさに恐怖によって、監督に支配されているのだが、やがてサボタージュを始める。もちろん、あからさまにやれば、叱責を受けるので、働いているように見せながら、少しずつ手を緩めて、成果が出ないようにするというやり方だ。

表には何も出さない。気付かれないように手をゆるめて行く。監督がどんなに思いッ切り怒鳴り散らしても、タタキつけて歩いても、口答えもせず「おとなしく」している。それを一日置きに繰りかえす。（初めは、おっかなびっくり、おっかなびっくりでしていたが）――そういうようにして、「サボ」を続けた。

気づかれないようにサボる……という実に地味でささやかな抵抗も、皆でやれば、大きな打撃になることが、何とも興味深い。恐怖による支配には限界があることが、よくわかる。やはり人を動かして成果を上げるには、意欲的に、自発的に取り組んでもらわなければならない。

そこで独裁者たちが駆使したのが「抜擢」というカードである。

自分の意のままに組織を動かそうとしているのだから、独裁者は既存の人員からよく思われていないケースがほとんどである。そこで、広く優秀な人材を求めて、新しく加わった者に、適切なポジションを与えてモチベーションを上げるのである。抜擢という恩を売って支配することもできるから、一石二鳥だ。

日本にこんな例がある。

江戸時代の１６６６年、現在の新潟県上越市にあたる、越後国高田藩で大地震が起きた。多くの家屋が倒壊し、筆頭家老の小栗五郎左衛門と、家老の荻田長磐《おぎたながいわ》が死亡。代わって、五郎左衛門の息子、小栗美作《みまさか》が執政を取り仕切ることになった。

だが、やがて美作は、一族・重臣たちと対立を深めていき、「越後騒動」と呼ばれるお家騒動を引き起こすことになる。

美作が贅沢好きであるばかりか、筆頭家老として独裁的に振る舞ったのが、重臣たちの反感を買ったのである。

そんななか、美作は、安藤太郎左衛門、岡島図書、林内蔵助の３人を小納戸役に抜擢して、500石ずつ加増している。太郎左衛門にいたっては、家老にまで取り立てた。

美作の抜擢について、作家・海音寺潮五郎は、史伝文学『列藩騒動録』のなかで、このように記述している。

「独裁者は、気に入った者だと思い切った抜擢をするものであり、抜擢された者にすれば恩義を感じて、益々よく働いて、益々気に入られ、親分子分の関係になり、このような関係の人が多ければ、それが閥となる」

独裁者に忠実な「右腕」がつきものなのはこのメカニズムによるのだ。

高田城の三重櫓。現在は、明治時代に焼失したものを史料を参考に再現したものが見られる

競い合わせた信長

前項の繰り返しになるが、織田信長は下層民の出身にもかかわらず、豊臣秀吉を抜擢して取り立てた。

実は信長配下の中でも異例のスピート出世を遂げていた明智光秀

その秀吉は1564年、美濃国の斎藤龍興との戦いにおいて、斎藤側の武将の寝返り工作に成功している。相手は、松倉城主の坪内利定である。

そのとき坪内氏に宛てた知行安堵状（知行「俸禄《ほうろく》」を保証する際の文書）に、「木下藤吉郎秀吉」と副署されていることから、信長からすでに目をかけられていることがわかる。

斎藤家が滅亡すると、秀吉の要望に応えるかたちで、智将として有名な竹中重治や、牧村利貞、丸毛《まるも》兼利《かねとし》らが与力《よりき》（部下としてつけられた武将）として与えられている。

その後、信長がいよいよ上洛という段にあっては、京都の政務を任されている。その後も秀吉は出世し続けるのだが、重要なポジションであればあるほど実力を発揮した。

実は、この秀吉をしのぐ勢いで出世した武将がいたことはあまり知られていない。すなわち、後に「本能寺の変」で信長に謀反を起こすことになる明智光秀である。

仕官した時期は非常に遅かったが、家中で最初に城持ち大名となり、丹波（現在の兵庫県）を領有しただけではなく、謀反直前には与力も含めれば畿内一円を統治している。冷酷な信長に冷遇された光秀が、恨みを募らせて反乱に至ったという仮説が未だに横行しているが、待遇だけ見ればむしろ家中でも1、2を争うポジションであった。

この2人の他にも、滝川一益、丹羽長秀、堀秀政ら、信長に見出され、高い地位を与えられて実力を発揮した武将は枚挙に暇がない。これらすべて、適切な持ち場を与えて活躍させた信長のマネジメント能力の賜物である。

「キューバ革命」を生んだ抜擢

独裁者による抜擢が、世界史を変えてしまうこともある。

それは、1959年に社会主義革命「キューバ革命」を指導して、同国の最高指導者となったフィデル・カストロである。

1959年にアメリカを訪問した際の、カリスマ性みなぎるカストロ

カストロは2016年に世を去るまで、実に600回以上も暗殺計画が立てられ、ギネスブックにも掲載されたほどだったが、すべてが失敗に終わり、90歳の天寿をまっとうした。アメリカ大統領のドナルド・トランプは、その死に際し、「自国民を60年近く抑圧した残忍な独裁者」とコメントしている。

彼はキューバ国民を貧困から救うことに生涯を捧げたが、一方で、半世紀にも及ぶ独裁政権を敷いたこともまた事実である。

さて、そのカストロが抜擢してポジションを与えた男、それが伝説の革命家、チェ・ゲバラである。カストロとゲバラといえば、日本の明治維新における大久保利通と西郷隆盛のような同志関係を想像しがちだが、そうではない。

カストロは、キューバのフルヘンシオ・バティスタ独裁政権の打倒を目指した反乱軍のリーダーだったが、彼と出会った当時のゲバラは医師で、軍医として革命戦争に加わっている。

革命軍からすれば、「よそ者のいち軍医」に過ぎなかった。

しかし、ゲバラの類まれな頭脳と、まっすぐな情熱に惚れ込んだカストロは、彼を反乱軍の最高位である「少佐」に就かせ、別働隊の司令官に抜擢したのである。ゲバラといえば、黒のベレー帽をかぶった写真が有名だが、そこにある一つ星は、少佐の階級章である。

カストロは軍人でもゲリラでもなく、まして自分と同じキューバ人でもなく、アルゼンチン人であるゲバラを、カストロはナンバー2に抜擢したのである。

その期待に応えるように、反乱軍は「サンタクララの戦い」において、6倍以上の国軍を相手にして、勝利を治めた。カストロは革命の成功後、ゲバラをキューバ新政府の国立銀行総裁に任命している。

その後、ふたりは袂を分かつことになるのだが、未だにゲバラが革命の象徴として全世界で愛されているのは、カストロの眼力に依るところが大きいのは確かである。

Dictator's skills

09 功績を称える

部下の名前を記したカエサル

広く人材を求め、結果を出した者を抜擢して、ポジションを与える――。

独裁者はわがまま放題にふるまっているように見えて、その実、組織の活性化のために多方面に気を配り、自分の権力をさらに高めるべく努力していたのだ。

しかし、与えられるポジションの数には限りがあり、誰も彼も出世させることはできない。かといって、現場で泥臭く働く人間をないがしろにすれば、先に紹介した『蟹工船』での労働者のように、サボタージュに走られてしまう。

そこで「功績を称える」ことが重要になってくる。

古代ローマの独裁者、ユリウス・カエサルは、部下の功績を評価することに心を砕いていたらしい。カエサルが自らの手で書き残した遠征記『ガリア戦記』には、次のような記述がある。

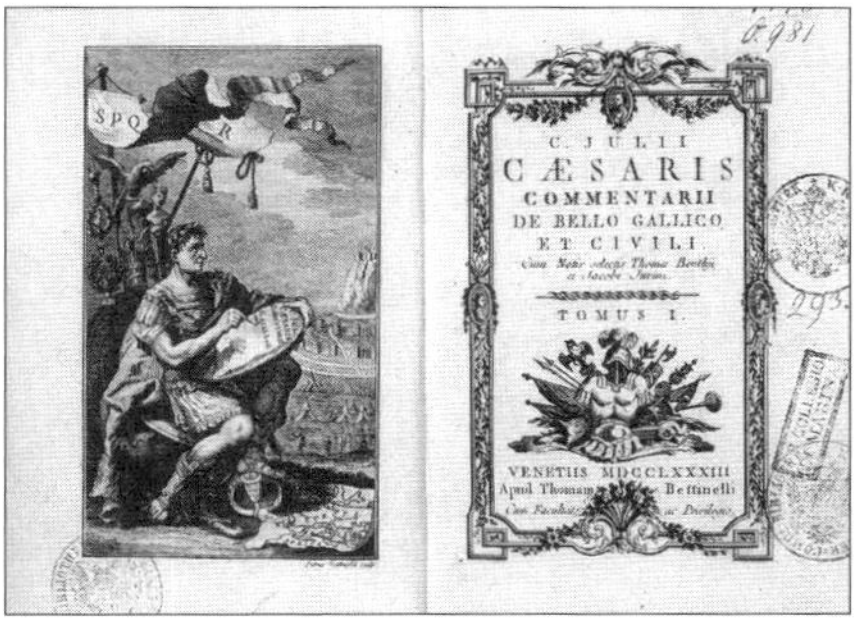

1783年に刊行されたラテン文学の古典的名著『ガリア戦記』。続編『内乱記』とセットで出版されていた

「冬の季節に、非常に困難な道と寒さに耐え真剣に苦難を頑張りとおした兵士に、その大きな苦労と忍耐に報いて、分補品の代わりに、一人あたり二百セステルティウスを与えることを約束する」

その時々の状況に応じて、見返りを与えていたことがわかる。そして、『ガリア戦記』は、部下の名前がきちんと記されていることも特徴の一つである。

「軍隊を次のように冬期陣営に配分する。トレボニウスを四個軍団とともにベルガエ人の地に駐屯させる。ファビウスには、同数の軍団兵とともに、ハエドゥイ族の領土へ連れて行かせる。ガリアでもっとも勇猛なベルガエ人と、最大の権威をもつハエドゥイ族が、ローマ軍に牽制されておれば、ガリアは一番安泰であろうと判断したからである」

カエサルは、『ガリア戦記』だけではなく、元老院の報告書においても、部下の功績をはっきりと書くようにしていた。

高く評価したときは、それを周囲の人間にも分かるように可視化する。なんとも細やかな心遣いである。

直接的なスピーチで鼓舞したナポレオン

カエサルの時代から1800年ほど時代が下った頃、フランスでは、ナポレオンが権勢をふるっていた。ナポレオンの場合は、部下たちに直接呼びかけることを重視していたようだ。

落ちこぼれとして幼少時代を過ごしたナポレオンが、イタリア派遣軍の司令官に抜擢されて頭角を現したのは、すでに書いた通りである。このときに、兵士たちにこんなふうな檄を飛ばしたことが記録に残っている。

「みんながふるさとに帰って『オレは勝利のイタリア遠征軍に加わっていたんだぜ！』と誇らかに言えるようにしたいと念じている。戦友よ、私は諸君にこの征服を約束する」

戦いに勝利した暁に、周囲に功績を称えられる様子を具体的にイメージさせることで士気を上げたのである。

イギリス・オランダなどの連合軍とプロイセン軍に敗れ「ナポレオン戦争」の終結を呼んだ「ワーテルローの戦い」

このとき、ナポレオンはまだ27歳。自分のことで精一杯でもおかしくない年齢だが、天性のリーダーシップに感心させられる。自分自身が不遇の青春時代を過ごしたために、どのように発破をかければやる気が出るのか、よくわかっていたのかもしれない。
そんなナポレオンの姿勢は、政治生命の最期まで失われることはなかった。
彼が飛ぶ鳥を落とす勢いで活躍した時代は終わり、

ヨーロッパ諸国はフランスを包囲。1814年にはパリが陥落した。世に言う「ナポレオン戦争」の終焉である。部下の将軍をほとんど失ったナポレオンだったが、最後まで忠誠を誓ってくれた古参近衛兵たちもいた。

1814年4月20日、パリ郊外のフクテンブロー宮殿の中庭にて、ナポレオンはそんな彼らに対して、惜別の言葉を送っている。

「古参近衛兵の諸君、諸君に別れを告げるときが来た……私は私心をすべて捨てて、祖国のために尽くしてきた。私はいま去る。しかし、友たちよ。諸君はフランスのために尽くし続けてほしい。フランスの幸福こそ、私のただ一つの思いだった。それこそ、この先も変わらない私の願いである。私の運命を悲しまないでほしい。私が生き永らえる道を選んだのは、ひとえに諸君の栄光のためなのだ。さらば、友たちよ。諸君の一人ひとりをこの胸に抱き締められれば、どんなにいいだろう」

もはやナポレオンには部下の功績を称えることへの見返りはなかったが、「一人ひとり全員を抱きしめたい」という言葉に、どのようなスタンスで部下と向き合ってきたかが集約されている。

串刺し公や天魔の気遣い

そのほかにも、「串刺し公」ヴラド・ツェペシュは、前述したように広く人材を登用しただけではなく、戦闘で活躍したものは表彰して土地を与えたり、殺した兵士の数に応じて財産を与えたりするなど、士気を上げる工夫を行っていた。２０００人を串刺しにして晒した暴君が、マメにこうしたマネジメントを行っていたことが、なんともおかしい。

あの織田信長も、部下の論功行賞には気を遣っていた。

豊臣秀吉や明智光秀など、優秀な家臣にはあげ過ぎなほどに切り取った領地を与えているが、これには限界がある。

そこで信長は、優秀な配下にはその証として、茶器をプレゼントすることにした。たとえば家中で欠かせない存在の丹羽長秀には珠光《じゅこう》茶碗、切り込み隊長の柴田勝家には乙御前《おとごぜ》釜《がま》・柴田井戸（茶碗）を与えている。

だが、茶器の価値が組織に浸透していなければ意味がない。信長はそのための布石もしっかり打っていた。茶会を開いて、武将たちに茶器を披露する一方で、家臣たちが許可なく茶会を開くことは禁じた。信長が認めた者にだけ茶器が与えられ、茶会を開催することが許されたのである。

「茶会を開ける」という付加価値が茶器に加えられることで、皆がそれを欲しがる仕組みを作っていたのだ。現代のビジネスでいえば、指導者向けのセミナーを開催して、認定した人にだけ、セミナーの開催を認めるというような「囲い込み戦略」といえる。

茶器ならば与えるほうの負担も少ない。この仕組みは家臣たちからも好評だったようで、滝川一益《たきがわかずます》のように、自ら褒美に「珠光小茄子《じゅこうこなすび》が欲しい」といったリクエストが寄せられたこともあった。これに信長は、「もっと手柄を立てたらな」と答えたと言うから、これまたうまい（ちなみに珠光小茄子は信長とともに灰になってしまった）。

また、跡継ぎとして育てていた信忠には、初花肩衝《はつはなかたつき》・松花茶壷《しょうかちゃつぼ》・竹子花入・藤波平釜《ふじなみひらがま》・道三茶碗・珠徳茶杓《しゅとくちゃしゃく》などを与えている。価値の高い茶器を次々に譲ることで、組織内に代替わりをそれとなく意識させる狙いがあったと思われる。

承認されることで生まれる「動機づけ」

功績を称えることは、今ふうに呼べば「承認」である。

アメリカの臨床心理学者フレデリック・ハーズバーグは、働くひとの心理について、「2要因理論」を提唱した。

まず、人は「会社の政策と管理方式」「監督」「給与」「対人関係」「作業条件」といった「衛生要因」が不足すると、仕事に不満足を覚えるという。注意したいのは、これらが満たされたからといって、不満足感が減退するだけで、満足感につながるわけではないことだ。

人は、「承認されること」「達成すること」「仕事そのもの」「責任」「昇進」などの「動機づけ要因」が満たされてはじめて、仕事に満足感を覚えるのだという。つまり独裁者たちは、単純な見返りではなく、さまざまな工夫で配下を「承認」することで、無意識のうちに「動機づけ要因」を強化し、彼らのモチベーションをコントロールしていたのである。

Dictator's skills

10 耳を傾ける

信長の迷いに老人がアドバイス

独裁者たちは読んで字の如く、自分ひとりの独断で事を進めた人々だと思われがちだが、意外や意外、周囲の意見を柔軟に取り入れている。

1567年、美濃攻略の真っ最中だった織田信長は、家臣のなかから優れた若手を20人ほど選び、赤・黒の母衣衆《ほろしゅう》を編成した。いわば織田家のエリート集団だが、実は当初、信長はこの選抜を諦めかけていた。

というのも、この頃は「桶狭間の戦い」で危機を脱してから数年が経ったばかりで、家臣団としての成熟は望むべくもなかった。20人も抜きん出た若手を探すのは難しい――そう信長は考えたわけだが、ここである博識な老人が、次のようなアドバイスをしたという。

「万事全備することは稀なることに候。その長ずるところ一、二侍る人々をまず選み出され然るべく候わんや」

つまり、「すべて備わっていることはまれなのだから、長所がひとつか、2つある人をまずは選んでみてはどうかね？」ということだ。

鎧兜の後ろに絹布をつけて風で膨らませた「母衣」。母衣衆はこれを背負って連絡係など戦場で重要な仕事を担った

部下の良い面を評価することが苦手な上司に聞かせたい言葉だが、信長はこれを素直に受け入れて実践し、黒母衣衆10人、赤母衣衆9人を選出した。そして、ここから前田利家、佐々成政、金森長近といった織田家の屋台骨を担う人材が輩出されたのだった。

側近の助言を重視した曹操

何かと信長と共通点が多い曹操もまた、気に食わない臣下を抹殺する一方で、優秀な参謀であり、8歳年下の友人でもある、荀彧《じゅんいく》の意見によく耳を傾けた。宦官《かんがん》（去勢された官吏）の家に生まれた曹操は、反骨精神から成り上がった上昇志向の塊であったが、荀彧はといえば地位や財産にこだわらないタイプで、曹操から高い地位を打診されても、何度となく断っている。

そんな性格が異なる2人なだけに、曹操は荀彧から反対意見を述べられることが多かったが、曹操は素直に受け入れ「官渡《かんと》の戦い」など、重大な危機を何度も脱している。2人の関係は荀彧が自殺したことで終わり、それが曹操が仕向けたものだとする説もあるが、両人が最高のコンビだったことは誰もが認めるところだ。

曹操は漢皇帝にあてた手紙でも荀彧の働きぶりを絶賛している。

「私は、はじめて義兵をおこして以来、天下にあまねく征伐を行うにつけて、荀彧と力を合わせて心を一つにし、国家の経略を助けてまいりました。荀彧の実績に頼って私は成功をおさめました」

反対意見をきちんと受け入れ、自分よりもさらに上の上司にその評価を伝える――。まさに理想的なリーダーシップである。

せめて聞く「フリ」くらいは

本書ではナポレオン・ボナパルトの優れた面ばかり取り上げてきたが、彼についてその幼児性を指摘する声は多い。

なにしろ、じっとしていることができないのである。戦場で指揮をとるときや、作戦を考えているときなら、それでも良かろう。

だが、ナポレオンの肖像画を画家に描いてもらうときには、非常に困ったことになった。座っていられずにすぐに立ち上がったり、体の向きを頻繁に変えたりと、まるで幼稚園児のような振る舞いだった。

機転を利かせたのは、妻のジョゼフィーヌ。ナポレオンの性格を熟知しているジョゼフィーヌは、自分の膝にナポレオンの体を寄りかからせた。すると、落ち着いたのか、ナポレオンはそのままじっとしていたという。

そのジョゼフィーヌにさえ、ナポレオンはわがまま放題だった。

頭痛で静養したいというジョゼフィーヌを、強引に馬車で森に連れ出したこともあった。そういうときこそ、森にいくべきだというのが、ナポレオンの考えだったようだが、「引き返したい」というジョゼフィーヌの懇願を無視して、馬車ごと川を渡ってから、妻を引きずり降ろして、こう激怒した。

「このばかもの！　楽しい遠出を台無しにしやがって」

そんなナポレオンだったが、全国の師団から将兵を上京させては、不満や要望に耳を傾けたという。チュイルリー宮の庭で隔週、閲兵を行いながら、きちんと立ち止まって兵士の声を聞く姿勢が評判だったらしい。

だが、ナポレオンの性格は前述したとおりである。信長や曹操のように、素直に聞き入れたとは到底思えない。あくまで他人の意見に耳を傾ける「ポーズ」だった可能性が高いが、その行為が本能的に人を惹きつけることを知っていたのだろう。

事実、軍内でのナポレオン人気は非常に高いものだった。

うるさい部下ほど重宝する

部下の声に耳を傾ける。このこと自体に否定的なリーダーは少ないだろう。

初めは誰もが、きちんと現場の要望に向き合うリーダーでありたいと考えるものだ。しかし意見を聞いたら、まとめ、決断し、しかも結果の責任は自分がとらなければならない。いつしかナポレオンばりに「聞くフリ」で終えるリーダーがほとんどになっていく。

だが、それでは、主体的に動く組織は育たない。

企業経営に関する著作を多数発表しているキヤノン電子代表取締役社長の酒巻久《さかまきひさし》は、「それはやらなくていい、急ぐことではない、と部下のアイデアを2回以上拒んだら、その部下はアイデアを言わなくなる」と語っている。

うるさく意見を言っていた部下が、ある日から大人しくなったら、もはやリーダーとして見限られたということだろう。意見を言ってくれているうちが華だと思うしかない。

独裁者たちですら、そうやって耳を傾けて、人心をつかんでいたのだから。

Dictator's skills

11 現場に出る

現場経験が説得力を持つ

独裁者は政敵を蹴落として、一足飛びに権力の座に就いている者がほとんどだ。当然、敵も多いから、暗殺を警戒してなかなか表舞台に出てこない印象がある。だが、最高権力者となってからも、積極的に現場に出ていって自らの存在感を誇示する者もいる。

ユリウス・カエサルはその典型的な例である。

カエサルは、戦場では後方から命令をくだすようなスタイルではなく、兵士たちに寄り添うように最前線で戦い、寝食をともにした。ナポレオン・ボナパルトもまた、真っ先に敵陣に飛び込み「ちび伍長」の愛称で親しまれたことは前述のとおりだ。

右の2人のように、軍人出身のリーダーはあえて最前線に身を晒すことで部下の士気を上げようとする傾向にある。軍人だった頃に、安全な場所から指示を出すばかりだった将校が部下の信頼を得られていなかったのを見ていたのだろう。

もちろん、現場に出ることで身近な存在になるぶん、権威が損なわれる可能性もある。

「ガリア戦争」のアレシアの戦いにおいて、降伏させたウェルキンゲトリクスと会見するカエサル(中央)を描いた絵画

だが、そのリスクを差し引いても共に汗をかいてくれるリーダーは部下たちから大きな信頼を寄せられる。また、現場の経験があれば、最前線から離れても言葉に重みがでる。「苦楽を共にしたあの方が言うならば」と組織がまとまりやすいのだ。

中国共産党の毛沢東の場合、農民として苦労した自らの体験を、農民たちを支配するときにフル活用した。一度でも辛酸を嘗めた経験があれば、その過去を語るだけでも、人々は耳を傾けてくれるものだ。

では、現代の独裁者は、この「現場に出る」というスキルをどのように発揮するのか。

2000年にロシア大統領選に勝利してから、2018年現在にいたるまで、実に20年近くロシアを支配しているウラジミール・プーチンは、ソ連国家保安委員会（KGB）出身で諜報員としてのキャリアは長いが、軍人ではない。

だが、大規模な災害や火災が起きると、自ら現地に飛び、積極的に陣頭指揮をとっている。2010年、ロシアは気象観測史上最も暑い夏を迎えると、ロシア西部のモスクワ州、および、キーロフ、トヴェリ、カルーガ、プスコフ、エカテリンブルグの周辺で、火災が発生した。乾燥した空気がその被害を広げて、人が死亡し、4000人が家を失うという被害を受けた。

ついには、核施設のあるリャザン州にまで火の手が広がろうとしていたそのとき、プーチンは消火用の飛行艇に乗って現地に向かったばかりか、自ら付近の池から水を汲み、火災現場で放水したのである。

明らかにリーダーがするべき仕事ではないが、それをあえてするのが、プーチンという男である。従軍経験がないぶん、現場でのアピールで補おうという力技である。

「影の権力者」タイプ

もちろん、エンタテインメントに登場する敵役の独裁者のように、常に後方から動かず、人前にすら滅多に姿を現さない、ミステリアスな独裁者もいる。

その代表格はカンボジアのポル・ポトだろう。

「クメール・ルージュ」という政治組織を率いて、徐々に拡大させたが、自身が組織のトップであることを対外的には隠し続けた。

アメリカをバックに政権を樹立したロン・ノル政権に対して、民族共同戦線を張ることになったときも、ポル・ポトは自分とは別の者を、クメール・ルージュの代表者として立てた。それどころか「ポル・ポト」という名前も本名ではなく、生年月日すらも偽りだったというから徹底している。

ロン・ノル政権を打倒して成立した民主カンプチアの首相に就任してもなお、ポル・ポト《》は自らは矢面に立つことなく、毛沢東譲りの原始共産主義を徹底して、人々を苦しめた。

「資本主義の権化」として、医師、教師、技術者などのインテリ層を拉致して、次々と処刑、「眼鏡をかけている」という理由でも殺されたというから、滅茶苦茶である。

ポル・ポトが敵とみなした、ありとあらゆる人たちは、ツールスレンの政治犯収容所（通称「S21」）にぶち込まれて、無残に殺されることになった。

教師、技術者、医師、踊り子、僧侶などの知識人は次々に処刑された。現在も各地でその名残を見ることができる

そんな虐殺がポル・ポトによって行われたほか、人々は栄養失調、過労、病気に追い込まれて、実に150万ものカンボジアの国民が命を落とすことになる。すさまじい独裁者ぶりだが、現在でもほとんど写真が出回っていないなど、秘密主義ぶりはそれ以上に徹底していた。

北朝鮮の最高指導者だった、金正日《キムジョンイル》総書記も同じく、国民との距離をとることを重視した。映像で肉声を伝えることもめったになく、姿をなかなか見せないことで自身を神格化したのだ。

クーデターや暗殺の危険がつきまとう独裁者にとって、「影の権力者」として姿を見せないほうが何かと都合が良いのは確かだ。居場所や出歩くパターンが特定されなければ、襲撃計画などが立てにくい。

しかし、誰もが情報端末を持ち、SNS（ソーシャル・ネットワーキング・サービス）といった発信の場がある昨今、情報を制限することで自身を神格化したり、秘密主義を貫くにも限界がある。このスタイルの独裁者は今後見られなくなっていくことだろう。

Dictator's skills

12 まずは自分が奉仕する

敵同士の手を組ませて仲間にする

ここまで独裁者たちが部下を奮い立たせるために使っていたスキルを見てきたが、意外にまともなリーダーシップを発揮していることに面食らった読者も多いのではないだろうか。底が知れない独裁者とて、ひとりの人間。ひとりでできることには限りがあるのだから、人の手を借りるしかないのだ。

ときには、主役の座を譲ってでも、自分の目的に殉じることとすらある。

もう一度、古代ローマの独裁者、ユリウス・カエサルにご登場願おう。

場面は、カエサルが独裁官になる前のこと。執政官に当選したカエサルは長年、放置されていた農地改革に乗り出すことを決意。「ユリウス農地法」の法案を元老院に提出し、貧困に苦しむ市民たちに公有地を分配しようと試みた。

だが、この農地法については、70年前にもクラックス兄弟が同じような法案を提出したが、既得権益を持つ元老院に反対されて失敗していた。結果、クラックス兄弟は死に追いやられてしまい、この農地法は誰も手をつけなくないタブーとなっていた。その難題に挑むにあたって、カエサルは周到に準備していた。

カエサルは、執政官に当選するために、オリエントを平定した実力者ポンペイウスと、騎士階級を代表するクラッススと手を組み、のちに「三頭政治」と呼ばれる政治体制を作った。ポンペイウスとクラッススはもともと不仲だったが、カエサルが、手を結ばせ、元老院に対抗する勢力を作り上げたのである。

護民官として農地改革に乗り出したが、元老院を無視する形となり、彼らに自殺に追い込まれたクラックス兄弟の像

反対意見を最初に話させる

カエサルは、あくまでも秘密裡にこの三頭政治を行っていたが、農地法の法案を通すにあたり、ついにその手法を露わにして、ポンペイウスとクラッススの2人を巧みに利用することになる。

カエサルは1カ月交代の国政の長の番が自分に回ってくると、農地法の是非を問う場として、市民集会を召集した。

議長としてカエサルは計算し尽くされた進行をみせた。

まず最初にカエサルは3メートルの高さの演壇に立って、大勢の市民たちを見下ろした。そしてまず「いかなる考えを持つ者にも発言の機会はある！」と堂々と宣言したうえで、農地法に反対する者から最初に話すように仕向けたのである。

指名を受けた反対派のひとりである小カトー（同名の曾祖父と区別するためこう呼ばれる）は、演壇に上がって、カエサルの農地法を否定する演説を長々と行おうとしたが、市民たちからブーイングを受けて、演壇から引きずり降ろされた。

続いて、同じく反対派の執政官ビブルスは、小カトーが聴衆から反発を受けるのを見ていたため、手短に意見を述べただけで、自ら演壇から降りてしまった。

ここでカエサルが巧みなのは「反対意見を最初に述べさせたこと」だ。自分の意見を通したいと思うと、つい、自分から口火を切ってしまいがちだが、それは自分の手の内を見せることでもある。

最初に主導権を相手に渡すのは、勇気がいることだが、話し合いはいかなるときも、結論が出るのは最後であり、焦りは禁物なのだ。

さて、その後、市民集会はどうなったのだろうか。

活躍の場を与える

反対派の演説が立て続けに不発に終わったあと、カエサルは、次のスピーカーとして、三頭政治の一角であるクラッススを指名した。

クラッススは短く賛成の意を述べただけだったが、それだけで十分であった。騎士階級という強固な支持層を持つキーマンが、農地法に賛成したという事実が大切なのだ。

そして、カエサルが次に指名したのが、ポンペイウスである。

ポンペイウスは共和制ローマでも屈指の武人だったが、演説は苦手だった。

だが、だからこそ、カエサルはポンペイウスの演説で勝負に出たのである。

ポンペイウスが演壇に上がると、カエサルは法案を通そうとしている農地法の条文を一項目ずつ読みあげて、ポンペイウスに賛成か反対かを問うという形式で演説を展開した。

すると、ポンペイウスが「賛成」と言うたびに、市民から大歓声が沸き上がった。

まるで盛り上がったライブ会場の「コール&レスポンス」だ。これならば、演説が苦手なポンペイウスでも問題はない。ポンペイウス自身、このときの演出をカエサルの思いやりだと受け取っていたようだ。

全条文を読み上げ終わると、カエサルはポンペイウスにこう言った。

「法案は成立しただけでは、十分ではない。誰かが責任を持って監視する必要がある。ぜひそれを、ポンペイウスに引き受けてもらいたい」

そういうと、ポンペイウスの返事を待たずに、カエサルは聴衆にこう呼びかけた。

「この大いなる責務を、偉大なるポンペイウスが引き受けてくれるよう願おうではないか、諸君！」

これまでにない大歓声を一身に受けたポンペイウスは、意外な行動に出る。

自ら熱弁をふるい、農地法の必要性について演説をはじめたのである。

最後は、こう締めくくられた。

「もしも誰かがこの法案に剣を向けるようなことになれば、このわたしポンペイウスが盾となって立ちふさがるだろう」

市民集会の大反響に押し切られて、農地法は成立。

すべてはカエサルの思い通りになったのだ。

サーバントリーダーシップ

どうしても、リーダーシップというと「リーダーが前面に出て、引っ張っていくもの」という固定観念がある。だが、カエサルの例でそうとも限らないことがお分かり頂けたかと思う。

「リーダーである人は、まず相手に奉仕し、その後、相手を導くものである」

これは、教育コンサルトのロバート・グリーンリーフが1970年に提唱した「サーバントリーダーシップ」におけるリーダー哲学である。周囲から信頼を得ることで、主体的に協力を得られる状況を作るというものだ。

まさに農地法成立までのカエサルの立ち回りそのものだろう。

この市民集会のあと、市民たちはまずポンペイウスの意外な一面を口々に話題にしたことだろう。しかし、やがて、市民たちは気づくはずだ。ポンペイウスの演説を演出したカエサルのリーダーシップに。結局は、カエサルがローマのために奉仕した努力が、彼への支持となって返ってくるのである。

「サーバントリーダーシップ」がユニークなのは、「部下がリーダーに奉仕する」のではなく「リーダーが部下に奉仕する」という発想だ。上からの押しつけが敬遠されがちな、現代に適した考え方だといえる。

それを紀元前の独裁者が会得していた節があるのがまた、興味深い。時代は移り変わっても人の心理の本質は不変なのだろうし、だからこそ我々が歴史から何かを学ぶ価値があるというものである。

「器用というのは他人の思惑の逆をする者だ」

織田信長

第3章

自分を魅せる技術

Dictator's skills

13 見た目にこだわる

見た目をよくするのも一芸

「他人の芸を見て、あいつは下手だなと思ったら、そいつは自分と同じくらい。同じくらいだなと思ったら、かなり上。うまいなあと感じたら、とてつもなく先へ行っている」

「昭和の大名人」と称される名落語家、五代目古今亭志ん生の言葉である。とにかく破天荒な落語家で、同じ噺をやっても長さが日によってバラバラなのは当たり前。途中から、別の噺に変わってしまうことさえあった。

そんな調子だから、いい加減だと見くびられることが多かったのかもしれない。本人は、他人にはまねできない名人芸の領域にあることを自負していて、この言葉はそのことを暗に主張しているように思う。

この言葉にかなりの真実が含まれていることは、何らかの「演者」としての立場を経験したことがある者なら、わかるだろう。

かくいう筆者も何度かテレビに呼ばれて出演したことがあるのだが、カメラの前で話すことの難しさは想像を絶するものだった。見た目を意識し、人前に出て話すという行為は、それがどんな類のものであっても、「芸」であることに変わりがなく、ましてや多くの大衆の心をつかむように演説してみせるというのは、一朝一夕でできるものではない。

その裏には、猛烈な努力があると見て間違いないだろう。本章では、話し方も含めて、独裁者たちが「自分がどう見られるか」にいかにこだわっていたかをお伝えしたい。

明治後期から昭和期にかけて活躍した、戦後を代表する落語家、五代目古今亭志ん生

親衛隊のルックスにもこだわったヒトラー

独裁者たちの演説を聴いてみると、上手に話しているだけではなく、相手の印象に残る話し方を熟知していることがわかる。一番わかりやすいのが、アドルフ・ヒトラーだ。

その内容が多くのドイツ人にとって溜飲が下がるものだったことは、すでに説明した通りである。不労所得の撤廃、戦時利得の没収、老齢の国民の健康基準の作成、そしてユダヤ人排斥など、ヒトラーは労働者、中産階級、愛国者、インテリとあらゆる人の立場が重んじている要素を演説に巧みに織り交ぜた。

だが、それをただ話すだけでは、民衆の記憶に自らを刻みつけることはできない。

ヒトラーが演説の内容と同じくらい、いや、それ以上にこだわったのが、演説をしているときの自分の見た目である。無名の頃から、ヒトラーは鏡を見ながら演技の練習にふけっていたほど、見た目の重要性を早くから理解していた。

ヒトラーは、友人のカメラマンに演説している自分を様々な角度から撮影させていた。

そして、効果的な身振り手振りについて研究を重ねて、どのように話せば、民衆から見て、頼もしい姿に写るかを常に考え、実践していた。

さらに、ヒトラーがこだわったのは、自分の見た目だけではない。自分を護衛する私設警護部隊ナチ親衛隊（SS）にも外見と身長についての基準を設けて、それに満たない者は排除していたのである。

自分の見た目だけではなく、少しでも自分の好感度に関わりそうなものに徹底的に気を配っている様は偏執的ですらある。

ポーズの練習をするヒトラー。カメラマンは破棄を命じられたが保管していた

ハッタリ好きのカストロ

ヒトラーと同じく、演説時の見た目にこだわっていたのが、フィデル・カストロである。カストロが演説する姿は、読者諸氏もテレビなどで一度は観たことがあるはずだ。

マイクの前に立つときは、いつもオリーブ色の戦闘服。「私はゲリラです！」と言っているような出で立ちである。服だけではなく、戦闘帽に戦闘靴と、頭の上から足の先まで、ゲリラの装いで統一していた。皮ケース入りの拳銃も、欠かせないアイテムだったようだ。

まずは一目でわかる外見で自分の世界を作り上げ、そこに引きずり込むという手法は多くの独裁者に共通している。

同じ手法をとったのが、ハイチの終身大統領である、フランソワ・デュヴァリエだ。デュヴァリエは自らを、死を司るヴードゥーの神、「サムディ男爵」と名乗り、そのような扮装をして、国民に信じ込ませた。

もっともカストロの場合は、たとえ演出をしなくても、端正な顔立ちなので、演説姿も様になっていた。

カストロは早くも大学生の頃から、演説の名手として注目されていた。ホセ・マルティの言葉を引用しながらの堂々たるスピーチもさることながら、彫りの深いハンサムなルックスも、聴衆の耳目を集めることになった。学生の頃の写真を見れば、「ギリシア的」という形容詞がぴったりくる。

カストロが、180センチを超える高身長だったことも、見栄えをさらに良くしている。中肉中背だったヒトラーの場合は、身長は175センチと決して低くはないが、コンプレックスを抱いていたと言われている。

ちなみに、身長と、その人のリーダーとしての好感度に正の相関があることは、2013年に、ヨーロッパとアメリカの心理学者、神経科学者、コンピュータ科学者が合同で行った実験で証明されている。

1959年、ハバナに入城する際に撮影されたカストロ。このときから一貫して戦闘服である

髭で大統領になったリンカーン

見た目が良ければ、その言葉の説得力は何倍にもなって相手に届く。実際に、見た目を変えて、アメリカ大統領の座を射止めたのが、アブラハム・リンカーンである。

今でこそリンカーンといえば豊かな髭が代名詞だが、生やしたのは大統領選前後であった

もちろん、リンカーンは独裁者ではなかったが、スピーチを含む自己プロデュースの名手であり、そのテクニックは独裁者のそれと共通点があるので、いくつか紹介したい。

事の始まりは、リンカーンが大統領選挙中に受け取った、少女からの1通の手紙だった。少女の名は、グレイス・ヘデールといい、リンカーンへのアドバイスが綴られていた。

「あなたのような面長の人はヒゲを生やした方がずっとよいハズです。女性はヒゲを生やした男性が好きですから、きっと奥さんがたはご主人にあなたに投票するように頼むハズです」

リンカーンと大統領の座を争う対立候補の民主党上院議員のスティーブン・ダグラスは、上院議員選挙でかつてリンカーンが敗北した相手であり、今回も苦戦が予想されていた。

見た目でいうと、ダグラスが恰幅の良いタイプであったのとは対照的に、リンカーンは身長が193センチと長身で、線が細く見える体格だった。威厳があるように感じられたのは、もちろんダグラスのほうだった。意外なアドバイスをもらったリンカーンは、戸惑いを隠せずに少女にこう返事をした。

「私はこれまで髭を生やした事がありません。私が髭を生やしたらバカな事を始めた、気取っていると思われませんかね？」

しかし、その言葉とは裏腹に、しばらく後、リンカーンの顎には立派な髭がたくわえられていた。少女のアドバイスを取り入れたのである。

イメージ戦略が功を奏したのか、手紙をもらった翌月の11月6日の大統領選で、リンカーンは見事ダグラスに勝利、第代アメリカ合衆国大統領となった。

「40歳を過ぎたら、人間は自分の顔に責任を持たねばならぬ」

リンカーンの言葉である。

Dictator's skills

14 意外性を持つ

心優しきヒトラー？

話し方や見た目で、民衆の間に自分のイメージを確立すれば、思い通りに事が運びやすくなるのは前項で解説したとおりだ。

だが、それでは不十分である。

大衆は、飽きやすく、忘れっぽい。いつしかイメージに慣れてしまい、刺激が不足してしまうのだ。さらに人間的な魅力を演出するには、キャラクターに「奥行き」を持たせる必要がある。言い換えれば、「意外な一面を見せて、自分で作ったイメージを壊す」ということである。

アドルフ・ヒトラーの場合、1936年にこんな珍妙な法案を提出している。

「甲殻類を調理するときは、熱湯に入れて早く殺すべきで、必ず一匹ずつ殺さなければならない」

甲殻類、つまり、カニやロブスターなどを調理するときに、できるだけ残酷ではない方法で殺すように、とヒトラーは言っているのだ。ユダヤ人に対し、数々の残忍な政策を実行に移しておきながら、甲殻類の気持ちになってものを考えることができるというのは、かなり意外である。

また、ヒトラーは、室内で花を飾ることを禁止したこともある。

これは「花が枯れるのを見るのが嫌だから」という、なんとも詩的な感覚から生まれたものだったというが、これもヒトラーのイメージとはかけ離れていて驚かされる。

笑顔で少女と話すヒトラー。子ども好きだったことは確かなようだが、自身にはいなかった

さらに、こんな話がある。

ヒトラーが自ら運転する車で、ある村に立ち寄ったときのことだ。村の少女と知り合い、偶然その日が少女の誕生日だと知ると、ヒトラーは他の村まで車で、オモチャやケーキなどを買い込んできて少女を喜ばせたという。

その他にも、ヒトラーは秘書にプレゼントを欠かさなかったり、側近に気を遣ったりと「意外に優しい」と語られるようなエピソードを数多く持つ。

ヒトラーがどこまで計算していたかは不明だが、人は自分のイメージとは違う一面を見せられると、そちらが本質なのだと誤解しやすい。普段の尋常ではない攻撃性が印象深いからこそ、こうしたちょっとした振る舞いが大きな効力を発揮するのだ。

信長の妙案

織田信長もやはり、強面で強引なイメージとは、違った一面を見せることがあった。「弱者の立場に立つ」の項で紹介した、物乞いに親切にしたエピソードはまさに、それにあたるだろう。「本当は優しかった」とイメージづけるには、十分すぎる逸話である。

史料には、こんなエピソードもある。1569年、信長は室町幕府最後の将軍・足利義昭を奉じて上洛すると、天皇の内裏（御所）の修理に着手。1577年には、内裏の築地塀の修理も信長が請け負った。京都所司代の村井貞勝に工事を監督させて、洛中の人々が作業を行うことになった。

洛中の人々からすれば、タダ働き以外のなにものでもなく、当初は渋々の作業だったに違いない。だが、この工事に信長は趣向を凝らした。

組に分けて持ち場を決めると、その持ち場ごとに舞台を作った。そして、笛や太鼓に合わせて、稚児や若衆が舞い踊る。花見の車や風流車までやってきたというから、完全にお祭りである。

作業する人たちも調子に合わせて踊りながらやっていると、自分たちも加わりたいと、次々と人が集まって来る。祭りを楽しんでいるうちに、作業はあっという間に終わってしまったという。

この試みは、信長にとって2つの意味で成功であった。

ひとつは、工事が早く終わったことで、朝廷から高く評価されたということ。

もうひとつは、洛中の人々の、自分に対する悪印象を払拭したことである。

というのも、この工事の6年前にあたる1571年、信長は比叡山を焼き討ちにして、僧侶、学僧、上人、児童の首をことごとくはね、数千人を虐殺している。ただ恐ろしいリーダーではないことを印象づけられたことは、天下人を目指す信長にとって、大きかったに違いない。


どこまでが意識的かは定かではないが、信長もまた、こうした人間らしい一面を出すことが、周囲の人々を魅了すると知っていたのだろう。また、信長は甘党で、団子や干し柿が大好物であり、宣教師に金平糖をねだったというお茶目な一面もあったらしいが、これは単なる嗜好の問題だろう。

強面プーチンのパフォーマンス

現代の独裁者で、もっともこのテクニックを意識しているのが、ロシアのウラジミール・プーチン大統領である。いつも冷静沈着で、物憂げな表情を浮かべ、何を考えているかわからない。外交面では強権をふるうこともしばしばで、国内では批判的なジャーナリストが何人も行方不明になっている。

そんな得体の知れない人物だからこそ、ほんの少し親しみやすさを出すだけで、イメージが大きく変わる。

現代最強の独裁者といえるのがウラジミール・プーチン。20年近くロシアを支配している

2017年1月25日、モスクワ州立大学で「学生の記念日」を記念したシンポジウムが開かれ、28の大学から学生たちが集まったときのこと。

終了後の交流会で、学生がギターを片手にプーチンに歌を贈ったのだが、緊張のためか、途切れ途切れでうまく歌えない。その様子を見たプーチンは、まるで助け舟を出すかのように、学生と一緒にいきなり歌い出したのである。

会場からは手拍子が起こり、歌が終わると会場が大きな拍手に包まれたことは言うまでもない。助けられた学生はもちろん、周囲の学生たちも暖かい気持ちになったはずだ。

また、２０１７年5月15日、プーチンは北京を訪れた。アジア、中東、欧州に及ぶ「一帯一路」という経済圏を作るプランについて、呼びかけ人である中国共産党の習近平国家主席と話し合うためである。

北京の迎賓館で習近平を待っている間、プーチンは、おもむろに部屋のピアノを演奏し始めた。曲は、ヴァシリー・ソロヴィヨフ＝セドイ作曲「フリーネバ川の街」と、ティホン・フレンニコフ作曲「モスクワの窓々」の2曲だった。

腕前はいまいちで、ピアノの調律もひどかったが、たちまちインターネット上で話題になった。上手であれば、それはそれで注目を集めたことだろう。要するに、既存のイメージとのギャップが大きいことが重要なのである。

大統領選の勝利に涙ぐむ

独裁者のイメージ戦略の定番なのか、プーチンもヒトラーと同じく、子どもに優しい一面を見せている。プーチン自らが出演し、三大テレビやラジオ、インターネットで生中継される番組「国民との対話」において、子どもからこんな要望を受けた。

「オムスク州スタロドフ村の9年生、ターニャ・カプニンスカヤです。学校にパソコンが2台しかありません。お金を送って」

この番組では、こんなふうにさまざまな要望がプーチンのもとに寄せられる。だが、当然、質問はすべて事前にチェックされ、プーチンはあらかじめ答えを用意している。このときのプーチンの答えは、次のようなものだった。

「ターニャ。おとぎ話のホッタピッチのお爺さんのように、私はあらゆる学校の子供たちにパソコンを提供できる。それは難しいことではない。私のところに要請が届いた以上、それに応じるのが義務だ」

子どもの願いを優しく聴き入れ、実現するリーダー。強面のイメージと大きくかけ離れているからこそ、視聴者に強く印象付けることができる。しかし、パソコンを送るのはターニャの学校だけで、ロシア全土の学校に支給されるわけではない。しょせんはお手軽なパフォーマンスである。

これは先のヒトラーの少女への優しさにも言えることだ。

たまたま出会った村の少女に、気まぐれにオモチャをプレゼントしたところで、なにも解決しない。独裁者たちのイメージが良くなるだけである。うまくいけば、評判が悪い政策すら「優しい人だから、ひょっとしたら違う真意があったのかも」と誤解してくれる人すらいるかもしれない。

その効果を思えば、独裁者がほんの少しの優しさを見せるのは、何と低コストで、効率的なパフォーマンスなのだろう、と気づかされる。

プーチンは、２０１２年に大統領に返り咲くと、支持者集会で勝利演説を行い、喜びを爆発させた。

「私は必ず勝つと約束した。そして勝った」いつもは冷静なプーチンが、その目に涙を浮かべたため、これまた大きな話題となった。

涙の理由を「風だよ、本当に風のせいだ」と語ったこともまた、人々の心をつかんだ。

この一見感動的なエピソードにも筆者が白けてしまうのは、ロシアの選挙には大規模な不正疑惑が常につきまとっているからだ……。

隠れて褒めても意味がない

抜群のコストパフォーマンスを持つ独裁者のイメージ戦略を見るにつけ、筆者が思うのは、世には何て損をしているマネジャー職のビジネスマンが多いかということである。

私の知人にも、独裁者とまではいかないまでも、強面で通っているマネジャーがいる。

彼が面白いのは、普段、部下に接するときは厳しいことしか言わないのに、部外者の私と話すときには、部下のことをよく理解しているようなそぶりを見せ、褒めるべきところは褒めるということだ。

「今、私に話している内容を、部下に少しでも直接、話してあげればいいのに……」といつも思っていた。

彼の部下にも何人か知り合いがいるので、聞いてみると、結局、周囲がついていけず、降格したということだった。もし、彼がほんの少しでも部下に優しい言葉をかけていれば状況は変わっていたはずだ。

と、私が言い切れるのは、プーチンではないが、普段、厳格な印象がある人ほど、ちょっとした声かけが「意外な一面」として相手に伝わり、大きな効果をあげるからだ。

これは逆も然りで、部下に厳しく接することができないタイプのマネジャーも、いざというときに意識して厳しい一言を発すると、その場がビシッと引き締まるはずだ。

意識して普段と違う一面を見せるのも、リーダーの仕事の一部ではないだろうか。

Dictator's skills

15 話し方にこだわる

演説の力で頭角を現したヒトラー

言葉は武器になる――。

それを誰よりもわかっていたのが、本書で取り上げてきた独裁者たちだろう。なかでも語り草になっているのが、アドルフ・ヒトラーの演説である。ヒトラーがナチス党の前身である、ドイツ労働者党に入党したのは、1919年のこと。

党員はたった数十人の小さな政党だった。そのなかで活動していくうちに、ヒトラーは自分のある才能に気づく。

「私は30分の演説をした。そして、以前から根拠なくただ内心だけで感じていたことが、現実のこととして証明された。私には演説する力があったのだ」

この小さな成功体験が、のちに世界史を揺るがす独裁者を生むとは、党員たちも思ってもいなかったことだろう。やがてヒトラーの演説によって、党には寄付金が集まるようになり、党勢を拡大することにも成功した。

その後も、演説の力で頭角を現し、国家主席にまで上り詰めたヒトラー。自身の演説の力をこう誇っている。

「大勢の民衆はなによりもまず、つねに演説の力のみが土台となっている。そして偉大な運動はすべて大衆運動であり、人間的情熱と精神的感受性の火山の爆発であり、困窮の残忍な女神によって扇動されたか、大衆のもとに投げこまれたことばの放火用たいまつによってかきたてられたからであり、美を論ずる文士やサロンの英雄のレモン水のような心情吐露によってではないのである」

ヒトラーは、クーデターを試みて失敗した「ミュンヘン一揆」によって、反逆罪で逮捕されるが、国民法廷の最終弁論で、次のように語って拍手喝采を浴びた。

「何千回でも有罪判決をくだすがいい。歴史という永遠の法廷をつかさどる女神が、起訴状と判決とを笑って破り捨ててくださるだろう」

自身を裁く法廷すらも、ヒトラーは自分の演説を活かす機会に利用したのである。この演説の影響で、刑務所内でも英雄となったヒトラー。5年と軽く済んだ禁固期間に、獄中で著したのが、『我が闘争』である。

聴衆の反応を待ちながら話す

ヒトラーの演説の特徴としては、まずは、演壇についてもなかなか話を始めなかった。聴衆が聴く準備ができるまでじっと待ったのである。

これは言うは易しで、なかなかできることではない。人前が苦手な人ほど、焦って口火を切りがちである。だが、相手に聞く準備ができていないために、思ったような反応が得られずに、なおさら、しどろもどろになり……という悪循環に陥ってしまう。

焦らしに焦らしたヒトラーは会場が静まるのを待って、ようやく、ゆっくりと話し始め

スターリンという姓は「鋼鉄の人」を意味する筆名であり、本名は「ジュガシヴィリ」という

る。あくまでもゆっくりと、である。

やがて中盤に差し掛かるころから、身振り手振りが加わって、動きに激しさが増していく。聴衆がのめり込むのを確認すると、ときには聴衆に語りかけて興味を持続させ、さらにボルテージを上げていく。

そして、両手を大きく動かしながら、クライマックスを迎える——。

こう書いていくと、演説というよりアーティストによるコンサートである。

ヒトラーの宿敵、ソ連のヨシフ・スターリンは、ヒトラーほどの演説の才能はなかったものの、彼なりに話し方を研究していた形跡が見られる。

スターリンの片腕、ラーザリ・カガノーヴィチは、党書記長になった頃のスターリンについて、次のように語っている。

「彼は鉄のようで、不屈で、落ち着いていて、私に言わせれば、冷静沈着で、いつも何かに集中している人物であった。彼はあらかじめ考えることなく、言葉を口にすることはけっしてなかった」

手練手管で人を惹きつける演説術がなくても、意図的に言葉数を少なくし、一言あたりの重みを出すことでカバーできるのだ。これはこれでひとつの戦術といえるだろう。

それぞれが自分の性格をわきまえたうえで、どのように言葉を使うべきかを研究し、独自のスタイルを作り上げていったのである。

Dictator's skills

16 若々しさを保つ

実力よりも若々しさ

第35代アメリカ合衆国大統領、ジョン・F・ケネディ。1960年、彼は大統領選挙でリチャード・ニクソンに勝利し、超大国の指導者となった。

この大統領選挙では、史上初めてテレビ討論会が行われたのだが、ケネディがニクソンに勝てたのは、そのおかげだと言われている。

ケネディはテレビ討論にあたり、テレビ用のメイキャップをして討論に臨んだ。対するニクソンは、病み上がりで顔色が悪く、選挙の疲れが出ていたにもかかわらず、メイキャップを断っている。

その結果、視聴者の眼には、ケネディのほうが若々しくハツラツとしており、リーダーにふさわしいと映った。

実は、討論の内容自体は、ニクソンのほうが勝っていた。実際、ラジオで聴いた聴取者たちは「ニクソンのほうが勝った」と証言していたという。

ジョン・F・ケネディ（左）とリチャード・ニクソン（右）が出演したテレビ討論会。実はケネディも体調が万全ではなかった

ニクソンがテレビ用のメイキャップを断ったのも「討論の内容が重要だから」という理由だったというから、それだけ自信があったのだろう。

にもかかわらず、映像を観た多くの国民は、ケネディに軍配を上げ、これが分水嶺となって、彼が大統領に選出されることになる。

もちろん2人は独裁者ではないが、リーダーはときに、ビジョンの内容よりも、それをどんなふうに語るのかが、重要になってくるという好例である。

いくら優れた目標を掲げられても、伝え方に活気がなければ、なんだか達成できるかどうか不安になってくる。逆に、若々しくハツラツとした印象があれば、プレゼンテーションの内容が多少未熟なものであっても、任せてみようとなるのが、人間の心理なのだ。

階段を駆け上ったムッソリーニ

もちろん、独裁者たちも、リーダーには若々しさや逞しさが求められることを熟知していた。もっとも意識していたと思われるのは、「第二次世界大戦」下のイタリアの指導者、ベニート・ムッソリーニである。

ムッソリーニは、大衆に語りかけるときの環境にこだわった。お気に入りだったのは広場である。広場で大衆の視線を浴びながら、まるで演劇のようにドラマチックに大衆に民族主義を訴えるのが常だった。

「われわれはいかにあるべきか。人間としてか。それとも壮大なドラマをただ眺める観客としてか」

ムッソリーニは、顎を突き出して、胸をそらして、腕を腰にするというポーズを好んでよくとったが、これも自分を大きく見せるための演出である。ムッソリーニのエネルギッシュなスタイルに、大衆はすっかり魅了されてしまい、街にはこんなスローガンが掲げられるようになった。

「ムッソリーニは常に正しい」

やがてムッソリーニは、ドイツのアドルフ・ヒトラーと手を組んで、世界大戦を目論むことになる。

イタリアをファシズムに染め、国家ファシスト党による一党独裁制を確立したムッソリーニ

ちなみに、ヒトラーといえば、手を斜め上に伸ばすファシズム式の敬礼を思い浮かべる人が多いだろうが、もともとは、ムッソリーニが古代ローマの兵士の真似をして取り入れたのを、さらにヒトラーが真似たものだ。

そのヒトラーも真似できなかった、ムッソリーニの演出がある。

それこそが、「若々しくいること」。

ムッソリーニは、指導者は見た目もハツラツとしていなければならないと考えていたのだろう。少しでも健康的に見えるように、毎朝体を鍛えるようにしていた。

さらに、その肉体を誇示するかのように、階段を上るときには、なんと4段飛びで駆け上がっていき、行進をするときは常に駆け足だった。

「同志諸君、広場を制圧せよ」

20代のときは社会主義者として活動していたムッソリーニ。機関紙でそう呼びかけて、部数を急増させたこともある。いつまでも20代の若々しさを保つべく、ファシストはトレーニングを欠かさなかった。

肉体美を強調するプーチン

現代、若々しさにおいて「最強」の独裁者といえばウラジミール・プーチンであろう。

院政を敷いていた時期を含めて、年近くロシアを支配しているプーチンだが、２０２４年まで大統領の任期は残っている。海外の新聞記者から、「あなたは計24年、権力を維持する可能性があるが、ノーマルなことだと思うか」と質問されて、こう答えている。

「状況に問題がなく、国民がそれを望むなら、正常なことだ」

実際、とんでもない長期政権でありながら、一定の支持は集めているとされる。それを支えている一端が、プーチンの変わらぬ若々しさである。

その身体能力は誰もが認めるところで、なにしろ、空手は8段、テコンドーは9段を持ち、柔道は国際柔道連盟（ＪＩＦ）から8段を、講道館から5段を授与されている。格闘技だけではなく、Ｆ１のレーシングカーで時速２４０キロを出してみせたり、アイスホッケーでシュートを決めてみせたりしたこともあった。

彼が若々しさ、たくましさを意識して演出していたのは首相時代からで、「第二次チェチェン戦争」では、戦闘機に乗り込む姿を何度もメディアに報道させ、攻撃的なセリフを吐いた。

「テロリストが隠れているすべての穴を探し当て、ネズミのように滅ぼしてやる」

プーチンは、休日の過ごし方もワイルドで、上半身裸で狩猟や乗馬、釣りを楽しむ姿はすっかりお馴染みとなっている。

注目すべきことは、プーチンは自身の肉体美を、国民に積極的に晒しているという点だ。ロシア紙もそんなプーチンの思惑をしっかりとサポートして、誌面で騒ぎ立てる。

「プーチン氏はシャツの下にすばらしい肉体を持っている」

「ウォッカをやめてプーチン氏のような身体を手に入れよう」

２０１７年の夏もやはりプーチンは、上着を脱いで、釣りや水泳をワイルドに楽しむ動画を公開している。リールを巻くたびに、ピクピクと動く胸筋は、日本のネットでも話題になっているくらいだ。

ムッソリーニは61歳で処刑されてしまったが、プーチンは72歳まで大統領の任期が残っている。どこまでその若々しさと筋肉を保つことができるのか見ものである。

Dictator's skills

17 あえて努力を見せる

挫折や葛藤を自伝で強調したヒトラー

ここまでに紹介した自分を魅せるテクニックは、どちらかというと人の目を意識して、水面下の白鳥の如く、人知れず努力を重ねて自己を演出するものだったが、その努力をあえて見せることで支持を集めるという技術もある。

たとえばご存知、アドルフ・ヒトラー。

彼は、もともと画家志望だった。税関事務官だった父からは、自分と同じ職に就くことを強要されたが、ヒトラーはそれに反発して実科学校（職業教育学校）での授業を欠席するようになり、最終的には、肺の病気を理由に中退している。

ヒトラーは、些細なことで暴力を振るう父のことが好きではなかった。

だが、そんな父との確執は、ヒトラーが『我が闘争』で書いていることであり、本当のところは分からない。もし、父がヒトラーに本当に税関事務官になって欲しかったなら、もっと違う学校に進学させたはずだという指摘もある。

重要なのは真実ではなく、ヒトラーがそう語りたがったということだ。

つまり、父との衝突という、およそ「強い指導者」らしくない、ひとりの弱い人間としての自分を印象づけようとしていたのである。

実科学校を退学後、ヒトラーは画家を夢見て、芸術の街ウィーンへと旅立つ。ウィーン美術アカデミーを2回受験するが、いずれも失敗。ヒトラーはミュンヘンに移住して、再び画家や建築家を目指すものの、やはり挫折している。ドイツ労働者党に入党するのは、その後のことだ。

芸術家を志望していた頃は、失意のなか、無一文の生活を送ったとさえ、自身は語っているが、これはどうも、本当ではないようだ。実際は、住んでいたアパートは立派なもので、父や叔母の遺産を相続して、悠々自適な生活を送っていたことが分かっている。ヒトラーが語る自分の過去は、まったくの嘘というわけではない。父とそりが合わず、実科学校を中退してまで芸術家を目指したが挫折し、ドイツ労働者党という小さな政党から、演説の巧みさで一国の指導者にまで成り上がったことは、事実だ。

だが、自分の来歴のところどころを大げさに語るところがあった。特に、「苦労」や「挫折」を強調しているフシがあるのだ。ヒトラーの苦労話を聞けば、人々はこう思うことだろう。

「あのヒトラーも若い頃は挫折の連続だったのだ！」

「そこから這い上がってきた指導者なのか」

「持たざる者」による一発逆転ストーリーは、民衆が自分たちの姿を重ねてくれるので、共感が広がりやすい。

ヒトラー作「勝利の門」（1913年）。彼の作品は極端なまでに人物が描き込まれないことだ

成功した演説にも修正を入れた

こうしてヒトラーは大勢の民衆たちに向かって、自らの挫折を発信する一方、側近たちには、語るだけではなく、実際に努力する姿を見せつけていた。

ヒトラーが演説で数万人という聴衆に語りかけたあとのことだ。すぐさま反省会が開かれた。実際に参加したひとりは、ヒトラーの様子についてこう振り返っている。

「ヒトラーは鉛筆で、終わったばかりの演説の原稿に書きこみをしながら、独り言を言っていた。『ここはよかった……ここは効果満点だった……ここは削るべきだな……』。彼が生涯で最も感動的な演説をおえてからまだ1時間とたっていなかった。彼は説教し、懇願し、怒号し、絶叫した。それなのに、そこにいるのは、私が見たこともないほど、冷静で理性的な一人の男だった」

演説だけでのし上がってきたと言ってもいいだけに、ヒトラーがそれにかける情熱は半端なものではなかったのだろう。人知れず努力していたことを思わせるエピソードである。

同時に、ヒトラーは自分が他人に与える印象をコントロールするために、涙ぐましい努力・工夫をしていた。

ヒトラーが側近たちと昼食をとっていたときに、こんなことがあった。談笑していると、イギリスの外交官が訪ねてきたという。報告を受けたヒトラーは、こう言った。

「ちょっと待て。彼を入れるな。私はまだ笑っているから」

そして、ヒトラーは怒った表情をわざと作り、目をむき出しにし、呼吸を荒くした。準備が整ったところで、その外交官と会うと、いきなり大声で怒鳴り始めたという。当時、イギリスとは関係性が良くなかったので、威圧する必要があったのかもしれないが、完全に役者である。そのあと、側近たちにはこうささやいた。

「おい、俺にお茶を一杯くれ。あのイギリス人のやつ、私がすごく怒っていると思っただろうな」

こんなヒトラーだから、演説後の反省会に出ているメンバーも頭に入っていたはずだ。彼が意味もなく、自分が努力する姿を見せるわけがない。おそらく、情報をすぐに広めそうな者を呼んで「成功裏に終わった演説にも慢心しないヒトラー」を見せつけたのだろう。その目論見は見事に成功し、反省会に出たメンバーの一人が、こうしてヒトラーの努力を描写し、時を越えて筆者がそれをさらに紹介しているのだから恐ろしくなってくる。

リーダーでも下手でいい

完成された筋肉を見せつけることに余念がないロシアのウラジミール・プーチンだが、意外にも努力のプロセスを見せて苦労をアピールしている。

２０１４年冬季オリンピックの会場が、ロシアのソチに決まったときのこと。最終選考の投票前、各候補地の代表がスピーチを行うなかで、プーチンは母国語以外に、英語とフランス語でもスピーチを行った。

英語は訛りがひどかったし、フランス語については、１フレーズのみだったが、それでも十分に人々の記憶に残った。なぜなら、他国の言語で懸命にスピーチを練習し、話そうとするプーチンの姿は、普段の強気の外交姿勢とはかけ離れたものだったからだ。

本章で紹介したテクニック「意外性を持つ」とも関連するが、リーダーとて、何でもうまくやらなければいけないという決まりはない。ふだんから「あの人は私たちとは違う」と思われているような人は、むしろ、恥をかくところを見せたほうが、ほっとされて親近感を持ってもらえるものなのだ。

「人間は自分が信じたいことを喜んで信じる」

ユリウス・カエサル

第4章

人を操る技術

Dictator's skills

18 怒りをぶつける

軽犯罪でも串刺しにして殺す

本書ではここまで、現代の組織でも通用するような独裁者たちの人を動かす技術に着目してきたが、もちろん彼らは独裁者らしい強烈な人心掌握術も備えていた。締めとなる本章では、独裁者たちがここぞというときに繰り出した、一撃で「人を操る技術」について見ていきたい。

彼らの凄みは、理に適った組織・人の動かし方を見せながらも、人を従わせるためには躊躇なく強行手段も投入していった点だ。

たとえば、ソ連のヨシフ・スターリン。彼はコルホーズ（集団農業）体制を敷いて、農村から大量に穀物を調達し、工業化を推進させようとしていたが、穀物調達が思うように進まなかった。計画を押し付けられた農民たちが、反発したためである。

農民たちは、収穫物を隠したり、倉庫から穀物を盗んだりした。スターリンは、調達計画の基準を引き下げて、ハードルを越えた分は、自由販売を許可するなど、融和政策も打ち出したが、効果はあまりなかった。

すると、スターリンは容赦なく最後のカードを切った。食料を盗んだ者は、たとえそれがわずかであっても、年の投獄もしくは、銃殺刑に処することにしたのである。

これくらいで驚いてはいけない。時代は違うが、ルーマニアの「串刺し公」ヴラド・ツェペシュは、より厳格に領内で処罰を行っていた。

なにしろ、窃盗や虚言が露呈するとすぐさま死刑で

スターリンの大粛清の犠牲者のために建てられた慰霊碑。逮捕者250万人のうち、処刑68万余、獄死16万余とされている

ある。盗みを働いたジプシーがいれば、どれだけ仲間がかばっても、ヴラドは「盗みは吊るし首にすると決められている」として、減刑を許さなかった。それどころか、ヴラドはその盗人を鍋で煮て殺して、仲間たちに食べさせたのだという。

ヴラドは、部下にも容赦しなかった。村の焼き討ちを命じたにもかかわらず、命令を遂行できなかった部下は、すぐさま串刺しの刑に処している。そのほか、浮気をした人妻やみだらな振る舞いをした女性も、これまた次々と串刺しにした。

恐怖政治以外の何物でもないが、その結果、ワルキア国の治安は良くなったという。現代の死刑制度は必ずしも犯罪率の低下には寄与していないとされているが、ワルキア国では軽犯罪でも即座に串刺しである。悪党たちも、さすがにリスクとリターンが見合わないと考えたのだろう。

ヴラドは、あるとき、公共の水飲み場に黄金製の杯をあえて放置してみた。すると、それを持ち去るものは誰も現れなかったという。誰もが「何か罰せられるに違いない」と疑ったからである。ある意味、ヴラドの恐怖政治が完成した瞬間といえる。

側近でも容赦はしない

本書では織田信長の、細やかな心遣いや合理的な組織運営について取り上げてきたが、忘れてはいけないのは、彼が超がつく「能力主義者」だということである。与えたチャンスをつかめない者については、かつてどんな大きな功績を残した者であろうと、容赦なく処罰した。

織田家中に、佐久間信盛という武将がいる。彼は信長の父の代から仕えており、跡目争いで信長の旗色が悪いときも、一貫してこれを支えてきた忠臣だ。信長が織田家中を統一してからも各地を転戦し、「退き佐久間」と評された。軍の運用が難しい撤退戦をさせたら右に出る者はいない、という高い評価である。

その功績から、信盛は1576年、本願寺攻めの最高責任者に選ばれた。だが、大軍で本願寺を取り囲むも、抵抗が思ったより激しく、5年にわたって戦線は停滞。信長は手紙で大激怒した。「貴様ら佐久間親子は織田家随一の大軍を率いていながら、いたずらに月日を過ごした」

しまいには、「三方ヶ原の戦いや朝倉氏攻めでの失態も許し難い。何年も私に仕えていながら、素晴らしい功績など何ひとつない」などと、過去の失策も蒸し返され、哀れ信盛は息子とともに高野山に追放され、失意のなか世を去っている。

最古参に等しい重臣が一瞬にして追放されるとは——。

家中の誰しもが「明日は我が身」と気を引き締めたことだろう。

大虐殺で本気度を示した？

領民や臣下ですら、凍りつくような施策を打った独裁者たち。相手が敵ともなると、ぶつける怒りには何の遠慮もない。

最たる例が魏王・曹操だ。

曹操の父・曹嵩《そうすう》は、中央政界から身を引いたあと、戦地から離れた徐州で暮らしていた。中央に近い兗州《えんしゅう》に権力基盤を築いた曹操は、父親を迎え入れようと、徐州の支配者・陶謙《とうけん》に護衛を依頼する。陶謙もそれを受諾したが、彼の部下が、曹嵩の持つ金品宝石に目がくらみ、あろうことか殺害してしまった。

親孝行をしようとした矢先の暴挙に、曹操は怒り狂い、徐州に兵を向けると暴虐の限りを尽くした。殺害された住民は数十万人にもおよび、死体で泗水《しすい》の流れが止まってしまったほどだったという。

世に言う「徐州大虐殺」である。曹操の生涯最大の汚点とされる事件であり、事実、この機に彼のもとを離れた臣もいた。しかし逆に残った家臣団の結束は増していることから、もしかすると曹操には、今後の自分に付いてこられるかどうか、臣下をふるいにかける狙いがあったのかもしれない。

そう筆者が感じるのは、曹操が、次項で述べるテクニック「裏切りを許す」の使い手でもあったからだ。

Dictator's skills

19 裏切りを許す

裏切りの証拠をあえてスルーした曹操

「怒りをぶつける」のと、「裏切りを許す」。

矛盾しているように感じるかもしれないが、この2つのスキルは独裁者たちの統治にとって、アクセルとブレーキのような役割を果たしている。事実、気に入らない者を容赦なく粛清した独裁者ほど、意外に臣下の裏切りを許しているケースが多いのだ。

たとえば、前項で父の仇の土地で大虐殺を繰り広げた曹操に、こんなエピソードがある。

200年、曹操は、最大のライバル袁紹《えんしょう》を「官渡の戦い」で撃破した。

決戦時、曹操の兵は1万人ほどで、袁紹の方は10万あまり。10倍の戦力差である。曹操の敗北を予想した人がほとんどだったが、袁紹軍の兵糧庫への奇襲作戦をきっかけに、奇跡ともいえる見事な勝利を収めた。

青くなったのは曹操の臣下たちである。実は、相当な数の家臣が、袁紹に書状を送って、曹操が敗れたときのための布石を打っていたのだ。袁家の本拠地・河北が陥落すると、当然それらの書状も発見される。

間違いなく処刑だ――。

臣下たちが青ざめるなか、曹操は意外な言葉を口にした。

「私でさえ勝てると思っていなかったのだから仕方がない」

そう言うと、臣下たちが袁紹に宛てた手紙をすべて焼いてしまったのだという。

怒りをぶつける様子を見せて家中を引き締めながらも、明らかに処罰を覚悟している人間には寛容さを見せる。このアメとムチと使って、自分が生殺与奪の権利を握っており、ムチを食らわないためには忠誠を誓うしかない、と分からせるのである。

そもそも曹操は、ただ恐ろしいだけの君主ではなかった。酒宴となれば、冗談をよく言ってみなで楽しむような男で、酒に酔った勢いで叱責するようなこともなかった。

また、自分が失敗したときに、部下のせいにするようなこともなかった。無謀な作戦で失敗したならば、その作戦に反対していた家臣をきちんと評価し、褒美さえ与えたという。

織田信長の「許す力」①柴田勝家

逆らったら最後、すぐに処刑されてしまうイメージが強い織田信長だが、自分の命を狙った相手にも、寛大な処置をとることがあった。

その勇猛さから「鬼柴田」と恐れられた柴田勝家。

織田家中で筆頭家老にまで上り詰めた人物だが、もともとは信長と敵対関係にあった。家督争いの際、当初は信長ではなく、弟の信勝に付いており、むしろ、信長は邪魔な存在だったのだ。

信勝を擁立するため、勝家は信長の宿老の林秀貞や、その弟の美作守と組んで、信長を暗殺しようとさえした。3人の足並みがそろわず、未遂に終わったものの、勝家は林と組んで、1700の軍勢を率いて、稲生原の地で信長らと衝突。700と数的不利だった信長の軍を追い詰めたこともあった（結局、信長が自ら美作守の首をとったことで、形勢逆転されて、勝家らは破れている）。

そんな勝家だが、自分のところに降ってくると、信長は迎え入れた。勝家から信勝の挙兵計画を聞いた信長は一計を案じる。病を装って清州城に籠もると、信勝に見舞うよう、勝家にアドバイスさせたのだ。勝家の投降を知らない信勝はまんまとおびき寄せられ、信長に殺されてしまった。

柴田勝家。政権後期には北陸方面軍の司令官を担うなど、なくてはならない存在だった

その後、信長は勝家を重宝し、戦功に応じて出世させた。

しかし、勝家は一度は敵となり、しかも自分の弟を売ったような男である。疑り深いだけのリーダーならば、「今度は自分を裏切るのでは」と疑心暗鬼になるのが普通だろう。

それでも信長は勝家を信頼し、最後まで重臣として大軍を任せた。過去を水に流す寛容さがなければ、できないことだ。

織田信長の「許す力」②松永久秀

信長がさらに広い心を発揮したケースもある。

勝家の場合は「敵対していた相手が寝返ったので受け入れ、重宝した」ということだが、こちらでは裏切った味方を許している。

信長を裏切った、恐れを知らぬ男の名は、松永久秀である。彼については、少し説明が必要だろう。

久秀は、畿内などを支配した三好長慶《みよしながよし》に仕え、重臣として活躍。長慶の死後は、三好氏の一族、三好三人衆（三好長逸《ながやす》・三好政康《まさやす》・岩成友通《いわなりともみち》）と手を組み、室町幕府将軍・足利義輝を殺害した。その後、久秀は三人衆と対立するが、これに勝利し余勢を駆って大仏を焼き討ちしている。

権威をものともしない久秀について、信長は「この老人は、常人にはできない、天下の大罪を3つも犯した」と言って高く評価した。

3つの大罪とは、主君である三好長慶を死に追いやり、将軍・足利義輝を殺し、大仏殿を焼失させたこと、である。

そんな久秀は、1566年に信長と同盟を結んだ。実質上、信長の臣下になると、その後ろ盾を利用して大和（現在の奈良県）で勢力を拡大していった。

松永久秀。戦上手なだけではなく、天守閣の原型を発明したり、近世城郭史にも名を刻む

ところが6年後、久秀は信長に反旗を翻すと、三好義継《よしつぐ》や三人衆とともに、信長に一戦を挑んだのだ。

結果は、信長の勝利。

同盟を結んでおきながら、好機とみるや裏切るなど、あってはならないことだ。すぐさま処刑されてもおかしくないが、久秀が刀などを献上すると、信長は裏切りを許している。久秀の能力を買ってのことだろうが、異様な甘さである。しかし、それが仇となってしまった。

1577年、信長が石山本願寺攻めをしている最中に、久秀はいきなり戦線を離脱。居城の信貴山《しぎさん》城に立てこもり、またもや、信長を裏切った。これには信長も激怒し、4万の兵を久秀に差し向け、8000の兵しか持たない久秀を圧倒した。

今度こそは処刑――と思いきや、信長は久秀所有の名器「古天明平蜘蛛《こてんみょうひらぐも》」を差し出せば許す、と言い出した。またもや、許そうとしたのである。

しかし、久秀は「我々の首と平蜘蛛は、信長公にお目にかけぬ。鉄砲の薬で粉々にしよう」と言うと、平蜘蛛を叩き割って天守に火を放ち、自害した。

久秀のケースでは、信長は許す力＝ブレーキが強過ぎたと言える。久秀は信長にベタ褒めされた段階で、「信長、御《ぎょ》しやすし」と見てしまったのだろう。独裁者たちには常に恐怖政治と寛容さのバランスが求められていたのである。

Dictator's skills

20 油断する時間帯を狙い撃つ

朝の4時から会議をしたカストロ

夜討ち朝駆け――。

新聞記者などが、予告なく早朝や深夜に訪問することを、そんなふうに言う。私は就職活動するにあたって、新聞記者あるいは編集者を目指していたので、その言葉を聞いて「新聞記者は大変そうだなあ」と思ったものだ。

しかし、一番大変なのは「夜討ち朝駆け」をされるほうである。

起きて間もない早朝や、仕事が終わって帰宅した頃は、誰でも頭がうまく働かない。

新聞記者が夜討ち朝駆けをするのは、その時間帯だと当事者が自宅に滞在していることが多いからという理由以外に、相手の思考能力が落ちているから、ということも挙げられるだろう。不意に取材を受けて、深く考えずについ口走ってしまうのが早朝や深夜ということになる。

実は、独裁者もそんな人間の思考が働きにくい時間帯を意識して、行動していた。キューバの独裁者、フィデル・カストロ。意外と細かいところにこだわりがあり、いつも軍服を着込んで、イメージ戦略を行っていたことはすでに書いた。

彼は会議の時間にもこだわりを持ち、できるだけ相手を不利な状況に追い込むためか、早朝4時に会議を開くようにしていたのである。現在流行りの「朝活」でもこんなに早く活動しないだろう。

早朝から叩き起こされた参加者たちにまともな思考ができるはずがなく、カストロにうまく丸め込まれてしまうというわけだ。

夕方からの演説を好んだヒトラー

アドルフ・ヒトラーもまた、思考力が落ちる時間帯を狙って、演説を行うようにしていた。カストロは早朝を狙ったが、人間は早朝からしばらくすると、思考がクリアになり始め、午前中に最も良いパフォーマンスを発揮するといわれている。そして、夜になるにつれて、ふたたび思考能力が落ちていくことになる。

ヒトラーの演説会場で一斉にナチス式敬礼をおこなう群衆。さながらロックコンサートのようだったという

ヒトラーの場合は、夕方を狙って演説するようにしていた。『我が闘争』で次のように語っている。

「午前中から昼過ぎごろまでは、人の心は他人の意見に対して最も抵抗力が強い。しかし夕方になれば、他人の支配的な力にも従順になりやすい」

そして「人と人の会合は、互いに対立する二つの力がぶつかる相撲のようなもの」として、こう続けた。

「力強い優れた演説は、精神と意思を完全にコントロールしている状態の午前中より、夕方の最も抵抗力が弱くなっている時間帯のほうが、人々をよりたやすく説得することが可能で、新たな方向に聴衆の心を導くことができる」

寝起きで半分寝ている状態を狙ったカストロと、夜に向かう夕方が、狙い目だと考えたヒトラー。ともに、自分の意見を聞き入れてもらいやすい状況を吟味した点では、共通している。

彼ら独裁者は力で人々を屈服させることはもちろんのこと、それに適した状況を利用して従わせていたのである。

Dictator's skills

21 データに精通する

読んだ本を馬車から投げ捨てる

独裁者たちは多くの場合、ある種のカリスマとして周囲を従えたが、その裏では人を動かすに足るだけの大人物たらんと、膨大なインプットを行っていた。

例えば、「第二次世界大戦」後の冷戦構造のなか、ソ連の絶対的独裁者として、アメリカに対抗したヨシフ・スターリンは、すさまじい読書量を誇った。

少年時代から読書好きだったスターリンは、1920年頃から、個人の書庫の整備に着手している。ただし、実用的に使えるように、著者別ではなく、「問題別」に整理するように指示を出している。

24歳頃のスターリン。神学校に通っていたが神学に疑問を持つなど問題児であった

具体的に言えば「哲学」「心理学」「社会学」「経済学」「金融」「工業」「農業」「協同組合」「ロシア史」「外国史」「外交」「商業・貿易」「軍事」「民族問題」「大会・協議会」といった具合である。

書庫を整理させてそれらにあたりながら、スターリンは、あらゆる分野の知識を貪欲に吸収しようとしていた。

それも理論ではなく、実践的な知識を得ようと、並々ならぬ努力をしていたのである。

その姿勢について、政治学者の横手慎二は次のように分析している。

「スターリンのこうした学習姿勢の根底にあったものは、最終的には知的好奇心というより権力への意思と呼ぶべきものであった」

スターリンと同じく、読書家として有名だった独裁者が、フランスのナポレオン・ボナパルトである。朝起きるとまずは書に向かい、毎日長い時間、執務室や書斎に閉じこもって書物を読みふけった。そればかりか、遠征に出るときは、馬車に書棚いっぱいの本を積んでいくのが常だった。

馬もさぞ重かったに違いないが、ナポレオンの読書法は手荒いもので、読み終わった本から、豪快に馬車から外に投げ捨てていった。

著者への敬意など微塵も感じられないが、その点でもスターリンとよく似ているように思う。大切なのは「誰が書いたか」、よりも「何が書かれているのか」、また「どれだけ実践で使えるのか」という基準なのだろう。

ナポレオンは読書を通してだけではなく、実際に専門家から話を聞くことも好きだったが、文学者や哲学者の話には関心がなかったという。

あくまでも実践的な知識を身につけたかったのだろう。ナポレオンもまた、知的好奇心というよりも、権力を掌握し続けるために、自らの引き出しを増やして、専門的なデータを頭に入れていたのだと思われる。

ちなみに、ナポレオンはエルバ島に流されたときですらも、1000冊の本を持参している。返り咲くためにも、本の力が必要だと考えていたのだろう。

流刑先のエルバ島から帰還したナポレオンを描いた絵画。パリに入城するものの、「百日天下」に終わってしまった

瞬時に数字の誤りを指摘したプーチン

アドルフ・ヒトラーもまた、むさぼるように本を読んだことで知られている。

学校を中退したコンプレックスが知的欲求につながったようだが、やはりヒトラーも極めて実用的な読書をしていたらしい。

『我が闘争』のなかには、ヒトラーが持っていた本からの引用が見られるし、演説の内容も本からとってきた要素が見られている。ヒトラーは毎晩、1、2冊の本を読むのを日課にしていたようだ。

ヒトラーが面白いのは、前の晩に読んだ本の内容を、翌日の朝食時に、側近たちに延々と語っていたことである。

そうすることで、知識を自分のものにしていたに違いない。側近たちがうんざりしても構うことなく、ヒトラーは話を続けたという。演説のリハーサルという側面もあったのかもしれない。

こうして実践的な知識を身につけていくことは、どんな場面で威力を発揮するのか。

それがよくわかるのが、映画監督オリバー・ストーンのドキュメンタリー映像「オリバー・ストーンオンプーチン」である。これは、オリバー・ストーンが、実際にウラジミール・プーチンに長時間のインタビューを行って製作されたものだ。

そのなかで、プーチンがロシア経済について説明する場面がある。手元に何のペーパーもなく、すらすらと数字が出てくることにまず驚くが、それだけではない。まずプーチンがつらつらとこう述べる。

「ＧＤＰに対する割合で考えることが重要です。アメリカの場合は１００％、我が国は最小限の12〜13%です。加えてわが国には十分な外貨準備があります。中央銀行の準備高は3600億ドル、政府には800億ドルと700億ドルの積立金もあります。これらで財政赤字を補填しています」

これを受けて、オリバー・ストーンがこう言った。

「2015年には、食品価格が20%近く上昇。インフレ率は13%……」

すると、プーチンは間髪入れずに「12・9です」と訂正してみせた。

これにはさすがの巨匠、オリバー・ストーンも苦笑するしかなかった。プーチンが自国の状況を細かいデータに至るまでよく把握していることが伝わってくる。監督がプーチンのパフォーマンスに協力する理由はないから、このやりとりは「ガチンコ」のものと見て良いだろう。

このように、インプットした情報を頭に叩き込んでおけば、会議や討論の場で、ちょっとしたきっかけから主導権を奪うことができるし、周囲からの信頼も勝ち取ることができるのだ。

Dictator's skills

22 人を思いやる

臣下の妻に手紙を出した信長

古今東西の独裁者たちが、人を動かすために使っていたスキルの紹介も、本項で最後となる。締めくくりは、「人を思いやる」。独裁者たちには似つかわしくない言葉かもしれないが、結局のところ、人が意気に感じるのは、リーダーが自分と向き合い、思いやってくれているかどうかに尽きる。

ありきたりなスキルだと馬鹿にせず、「独裁者ですら、ここまでやっていたのか」という視点で読んで頂ければ幸いだ。

さて、戦国武将の手紙をテーマにした本は数多いが、その中で必ずといっていいほど紹介されるのが、織田信長が家臣の豊臣秀吉の妻・ねねに宛てたものである。

「どこをたずねまわっても、そなたほどの女房は、また再びあのはげねずみには求め難いので、これからあとは立ち振る舞いに注意し、いかにも上様らしく重々しくして、嫉妬などに陥ってはならない。ただし、女の役目でもあるので夫の女遊びを非難してもよいが、言うべきことをすべて言わないようにして、もてなすのがよいだろう」

豊臣秀吉の正妻、ねね(高台院)。秀吉の死後も多くの有力大名から慕われ、政界のキーマンであり続けた

秀吉の妻を「そなたほどの女房は、あのハゲネズミには二度と求められないだろう」と、持ち上げつつ、秀吉の女遊びについては「正妻らしく堂々としながら、むやみに嫉妬しないこと。非難はしてもよいが、ほとほどにすべし」と説いている。

おそらく、女癖の悪い秀吉のことを、ねねが誰かに愚痴って、それが信長の耳に入ったのだろう。この手紙はさらに、こう続く。

「なお、この書状をそのまま羽柴藤吉郎秀吉に見せるようお願いする」

ということは、これは信長から秀吉への「妻への思いやりを持て」というメッセージにほかならない。しかも、この手紙には、朱印が押してあることから、秀吉への指示書であったとも解釈できる。

天下統一に邁進する独裁者・信長が、家臣の夫婦円満に心を砕いている様子は、なんともおかしい。

厳しい能力主義に晒されていた織田家家臣団だが、当主にこのような細かい気遣いがあったからこそ、一丸となって数々の難局を乗り越え、天下統一まであと一歩のところまで迫ることができたのではないだろうか。

将校の看病を絵に残させたナポレオン

ナポレオンが、現場の将兵と向き合うことでリーダーシップを発揮してきたのは、これ

アントワーヌ=ジャン・グロ作『大将軍の激励』。患者に手を差し伸べるナポレオンがまるでキリストのように描かれている

まで書いてきたとおりだ。

1798年、ナポレオンはエジプトに遠征してカイロに入城したところまではよかったが、砂漠と灼熱に邪魔されて、うまく進めない。

隣のシリアへの侵攻もうまくいかず、さらには、海軍がホレーショ・ネルソン提督率いるイギリス艦隊に大敗。物資の補給が困難を極めるなかで、シリアでは、ペストや風土病が将校たちに襲いかかった。

指揮官としては頭を抱えてしまいそうな事態だが、ナポレオンは伝染を恐れることなく、ペスト患者を見舞ったという。思いやりあふれる行動に、将兵たちが感激したことは言うまでもない。

だが、ナポレオンの抜け目がないところは、このシーンをきっちりと絵画に残させていることだ。描いたのは、画家のアントワーヌ＝ジャン・グロ。

絵画では、ナポレオンが、ペストに苦しむ兵士たちを訪ねて、患者の一人の上に手を置くシーンが描かれている。1804年のサロンでは、この作品が大評判を呼ぶことになる。プロパガンダとしても効果は大きかったといえるだろう。

優しすぎる男、清盛

そんな信長やナポレオン以上に、家臣を気遣った男がいる。日本の平安時代末期に絶大な権力をふるった、平清盛である。鎌倉中期の教訓説話集『十訓抄《じっくんしょう》』には、次のような逸話が取り上げられている。

「折悪しく、にがにがしきことなれども、その主のたはぶれと思ひて、しつるをば、かれがとぶらひに、をかしからぬゑをも笑ひ、いかなる誤りをし、物をうち散らし、あさましきわざをしたれども、いひがひなしとて、荒き声をも立てず」

つまり、清盛は、たとえ相手の発言が、いかにも間が悪くて苦々しい内容でも、「冗談で言っているのだろう」と思うようにしていた。また、愛想を言われれば、おかしくなくても笑った。そして、過ちを犯したり、物を壊されたり、酷いことをされても「どうしようもない奴だ！」と声を荒げることはなかったという。

そんなことで家臣に見くびられないのかと思わず心配になってしまうが、さらに、こんな話が続く。

気遣いの人・平清盛。天皇家と縁戚関係を築いて武士としてはじめて太政大臣となった

「冬寒きころは、小侍どもわが衣の裾の下に臥せて、つとめては、かれらが朝寝したれば、やをらぬき出でて、思ふばかり寝させけり」

冬の寒い頃は、自分の衣の近くに、仕えている者たちを寝させたばかりか、朝に彼らが寝坊したならば、起こさないようにそっと出て、思う存分寝かしてあげたというのだ。

思いやりを通り越して、甘やかしの域に達している。

だが、清盛がこれだけ家臣を気遣ったのには、自分自身が、家督を継ぐまでに苦労したり、出自について噂を立てられるなど苦労が耐えなかった経緯がある。また、都では田舎武士でも、郷里では大軍団を束ねている武士も珍しくない。丁重に扱えばいざというときに役に立つという思惑もあったに違いない。

また、清盛は、たとえ最下級の家臣であっても、その家族が訪ねて来れば、上級の家臣の家族と同じように丁重に接した。それればかりが、最下級の家臣がいかにも自分の側近であるかのように振る舞ったというから、家臣も嬉しかったに違いない。

また、清盛は自分が官位を得て朝廷での発言権を大きくしていったことから、ほかの武家出身者も出世できるように計らっていた。年上で、官位の昇進が遅れていた源頼政を気の毒に思って、昇進を後押ししたこともあった。ちなみに「平氏にあらずんば人にあらず」という有名な発言は、清盛ではなく、彼の義弟・時忠のものである。

思いやりが人を大きく見せる

いかなる組織にしろ、リーダーは厳しくあるべきだという考えは根強い。確かに、部下の仕事に対して寛容な姿勢ばかり見せていては、規律が緩んでしまい、成果が上がらないかもしれない。

だが、たとえリーダーが部下に厳しくなくても、仕事できちんと背中を見せれば、憧れが生まれて自然とついてくるものだ。それ以上に、上司が高圧的な態度ばかりとって、現場が萎縮してしまうほうが問題だろう。そうでなくても、どうしても立場的に、リーダーは部下に対して強い存在になりがちだ。

独裁者が実践していたように、部下に対して思いやりを見せることで、信頼は深まり、リーダシップはむしろ高まると考えるべきだろう。

思いやりとまではいかなくても、謙虚さを示すだけでも、自身の思いやりを示すことはできる。独裁者ほどではなくても、強いリーダーシップがある人物ならば、謙虚な態度がもたらす効果は、なおのこと高い。

ロシアの大統領プーチンについて、柔道家の間で幾度となく語られている逸話がある。

それは、２０００年の来日時のことだ。講道館館長から、六段の紅白帯を送られたプーチンは、その場で締めることを固辞。その理由として、次のように語った。

「私は柔道家ですから、六段の帯がもつ重みをよく知っています。ロシアに帰って研鑽を積み、一日も早くこの帯が締められるよう励みたいと思います」

ほかの柔道家すべてへの気遣いあふれるこの言葉。謙虚な姿勢が、かえってその人物を大きく見せる好例だろう。

おわりに

数々の、魅力あふれる歴史人物たち。

彼ら、彼女らについての著作を書き始めて、早いもので10年以上が経つ。残した業績そのものよりも、その知られざる人間性についての研究をライフワークとしてきた。

「偉人」と呼ばれる者たちほど、学生時代は落ちこぼれで、社会に出れば周囲に迷惑をかけて、非常識だと批難されるタイプの人が多い。

「大きな短所が、大きな長所を生む」というのが、筆者の持論である。

だが、本書で焦点を当てることにした「独裁者」たちについては、短所を愛でることはためらわれ、ましてや長所に目を向けるのは、もっと難しかった。

だが、彼らが、我が世の春を謳歌しながらも、権力を独占し続けるための努力を怠らなかったことを知り、その人心掌握術のスキル、真髄を描くことに集中した。古今東西変わらない、人を動かすためのセオリーを、独裁者たちの事績を通じて描くことができたと自負している。

本書に登場するセオリー自体はシンプルなものが多かったが、それを徹底して突き詰められる人間がどれだけいるか。もし、これからも現れるならば、願わくば、その人を動かす技術を人類の平和や発展に活かしてくれることを願うばかりである。

最後に、本書の出版にあたっては、株式会社すばる舎の皆さんにたいへんお世話になった。また、製作過程で驚かされたのが、凄まじい迫力の装画である。目を反らしたいけれど、それを許してくれない独裁者の吸引力を、見事に表現してくれたイラストレーターの阿部結さんにも深く感謝申し上げたい。

そして、最後まで読んでくださった読者のみなさん、どうもありがとう。またどこかでお会いしましょう。

２０１８年８月　記録的猛暑となった都内にて　真山知幸

参考文献・参考映像資料

『ガリア戦記』（カエサル著　國原吉之助訳　講談社学術文庫　１９９４年）／『ローマ人の物語〈９〉ユリウス・カエサル　ルビコン以前（中）』（塩野七生著　新潮文庫　２００４年）／『カエサル』（エイドリアン・ゴールズワーシー著　宮坂渉訳　２０１２年）／『曹操　乱世をいかに生きるか』（酒井穣著　ＰＨＰ研究所　２０１５年）／『曹操の人望力』（加来耕三著　すばる舎　２０１６年）／『魏の武帝　曹操　正邪を超越した史上屈指の英傑』（石井仁　新人物文庫　２０１３年）／『大いなる謎　平清盛』（川口素生著　ＰＨＰ新書　２０１２年）／『武士の王・平清盛　改革者の夢と挫折』（伊東潤著　歴史新書ｙ　２０１１年）／『《ドラキュラ公》ヴラド・ツェペシュ』（清水正晴著　現代書館　１９９７年）『ドラキュラ伯爵――ルーマニアにおける正しい史伝』（ニコラエ・ストイチェスク著　鈴木四郎・鈴木学訳　中公文庫　１９８８年）／『現代語訳　信長公記』（太田牛一著　中川太古訳　新人物文庫　２０１３年）／『織田信長の家臣団―派閥と人間関係』（和田裕弘著　中公新書　２０１７年）／『信長の謎―徹底検証』（加来耕三著　講談社文庫　２０００年）／『松永久秀（シリーズ・実像に迫る）』（金松誠著　戎光祥出版　２０１７年）／『ナポレオン言行録』（オクターヴ・オブリ著　大塚幸男訳　岩波文庫　１９８３年）／『ナポレオン大いに語る』（フリードリッヒ・ジーブルク著　金森誠也訳　ＰＨＰ研究所　２００９年）／『ナポレオン―最後の専制君主，最初の近代政治家』（杉本淑彦著　岩波新書　２０１８年）／『彼も人の子　ナポレオン』（城山三郎著　講談社文庫　２０１４年）／『わが闘争』（アドルフ・ヒトラー著　平野一郎・将積茂訳　角川文庫　１９７３年）／『ヒトラー全記録―２０６４５日の軌跡』（安倍良男著　柏書房　２００１年）／『シャハト―ナチスドイツのテクノクラートの経済政策とその構想』（川瀬泰史著　三恵社　２０１７年）／『ヒトラーの大衆扇動術』（許成準著　彩図社　２０１０年）／『ムッソリーニ―悲劇の総統』（大森実著　講談社文庫　１９９４年）／『ムッソリーニ―ファシズム序説』（木村裕主著　清水書院　２０１５年）／『スターリン「非道な独裁者」の実像』（横手慎二著　中公新書　２０１４年）／『奇妙な同盟Ｉ〔ルーズベルト、スターリン、チャーチルはいかにして第二次大戦に勝ち、冷戦を始めたか」』（ジョナサン・フェンビー著　河内隆弥訳　2018年）／『勝利と悲劇　スターリンの政治的肖像』ドミートリー・ヴォルコゴーノフ著　生田真司訳　朝日新聞社　1992年）／『ケマル・パシャ伝』（大島直政著　新潮選書　1984年）／『ケマル・アタテュルク―トルコ国民の父』（設樂國廣著　山川出版社　2016年）／『増補版　チェ・ゲバラ伝』（三好徹著　文春文庫　2014年）／『別冊宝島　独裁者カストロの素顔』（宝島社　2017年）／『ポル・ポト〈革命史〉虐殺と破壊の四年間』（山田寛著　講談社　2004年）『「ポル・ポト伝」デービット・チャンドラー』（デービット・P・チャンドラー著　山田寛訳　めこん　1994年）／『ポル・ポト 死の監獄S21　クメール・ルージュと大量虐殺』（デーヴィッド・チャンドラー著　山田寛訳　白揚社　2002年）／『独裁者プーチン』（名越健郎著　文春新書　2012年）／『プーチンの実像　証言で暴く「皇帝」の素顔』（朝日新聞国際報道部ほか著　朝日新聞出版　2015年）／『世界の独裁者』（六辻彰二著　幻冬舎新書　2011年）／『スピーチの天才100人　達人に学ぶ人を動かす話し方』（サイモン・マイヤー、ジェレミー・コウルディ著　池村千秋訳　CCCメディアハウス　2010年）／『100人の20世紀』（朝日新聞社）／『独裁者のためのハンドブック』（ブルース・ブエノ・デ・メスキータ、アラスター・スミス著　四本健二訳　亜紀書房　2013年）／『悪の出世学　ヒトラー・スターリン・毛沢東』（中川右介著　幻冬舎新書　2014年）／『「権力」を握る人の法則』（ジェフリー・フェファー著　村井章子訳　日経ビジネス人文庫　2014年）／『独裁者たちの最期の日々』（ディアンヌ・デュクレ著、エマニュエル・エシュト著　清水珠代訳　原書房　2017年）／『独裁者の最強スピーチ術』（川上徹也著　星海社新書　2012年）／『暴君の素顔』（山口智司著　彩図社　2007年）／『戦国武将　死ぬ前の3日間をどう過ごしたか』（四條たか子著　インプレス　2013年）／『殿様の通信簿』（磯田道史著　新潮文庫　2008年）／『蟹工船・党生活者』（小林多喜二著　新潮文庫　1954年）／「時代考証の観点から解説する世界の敬礼」（大森洋平著　MAMOR　2016年3月号）／「DVD 最愛の敵 カダフィ」（NHKエンタープライズ　2011年）／「DVD　オリバー・ストーン オン プーチン」（ギャガ　2018年）／「BS世界のドキュメンタリー　カストロVSゲバラ」（NHK BS1）

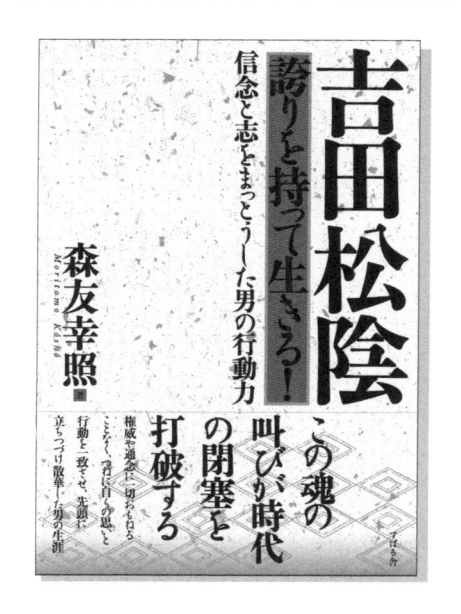

〈著者・略歴〉
真山 知幸（まやま・ともゆき）
著述家。著作に『ざんねんな偉人伝』『ざんねんな歴史人物』（共に学研）、『ざんねんな名言集』（彩図社）、『君の歳にあの偉人は何を語ったか』（星海社新書）、『不安な心をしずめる名言』（PHP 研究所）、『大富豪破天荒伝説 Best 100』（東京書籍）、監修に『恋する文豪（日本文学編、海外文学編）』（東京書籍）、『文豪聖地さんぽ』（一迅社）など。共著に『歴史感動物語　全 12 巻』（学研）。名古屋外国語大学現代国際学特殊講義、宮崎大学公開講座では講師を務めた。

独裁者たちの人を動かす技術

2018 年　8 月 15 日　第 1 刷発行

著　者――真山 知幸
発行者――徳留 慶太郎
発行所――株式会社すばる舎
〒 170-0013　東京都豊島区東池袋 3-9-7 東池袋織本ビル
TEL　03-3981-8651（代表）　03-3981-0767（営業部）
振替　00140-7-116563
URL　http://www.subarusya.jp/
装　丁――西垂水 敦（krran）
本文デザイン――西垂水 敦＋太田 斐子（krran）
装　画――阿部 結
印　刷――図書印刷株式会社

ISBN978-4-7991-0719-5